Fraude no Comércio Exterior

Fraude no Comércio Exterior
A INTERPOSIÇÃO FRAUDULENTA DE TERCEIROS

2020

Marcelle Silbiger De Stefano

FRAUDE NO COMÉRCIO EXTERIOR
A INTERPOSIÇÃO FRAUDULENTA DE TERCEIROS
© Almedina, 2020
AUTOR: Marcelle Silbiger de Stefano

DIRETOR ALMEDINA BRASIL: Rodrigo Mentz
EDITORA JURÍDICA: Manuella Santos de Castro
EDITOR DE DESENVOLVIMENTO: Aurélio Cesar Nogueira
ASSISTENTES EDITORIAIS: Isabela Leite e Marília Bellio

DIAGRAMAÇÃO: Almedina
DESIGN DE CAPA: FBA

ISBN: 9786556270630
Outubro, 2020

Dados Internacionais de Catalogação na Publicação (CIP)
(Câmara Brasileira do Livro, SP, Brasil)

Stefano, Marcelle Silbiger de
Fraude no comércio exterior : a interposição fraudulenta de terceiros / Marcelle Silbiger de Stefano. -- São Paulo : Almedina, 2020.

Bibliografia.
ISBN 978-65-5627-063-0

1. Comércio exterior 2. Comércio exterior - Leis e legislação 3. Direito aduaneiro 4. Direito tributário 5. Exportação 6. Fraudes 7. Importação I. Título.

20-40214 CDU-34:339.543:336

Índices para catálogo sistemático:

1. Direito aduaneiro e tributário 34:339.543:336

Cibele Maria Dias - Bibliotecária - CRB-8/9427

Este livro segue as regras do novo Acordo Ortográfico da Língua Portuguesa (1990).

Todos os direitos reservados. Nenhuma parte deste livro, protegido por copyright, pode ser reproduzida, armazenada ou transmitida de alguma forma ou por algum meio, seja eletrônico ou mecânico, inclusive fotocópia, gravação ou qualquer sistema de armazenagem de informações, sem a permissão expressa e por escrito da editora.

EDITORA: Almedina Brasil
Rua José Maria Lisboa, 860, Conj.131 e 132, Jardim Paulista | 01423-001 São Paulo | Brasil
editora@almedina.com.br
www.almedina.com.br

LISTA DE SIGLAS E ABREVIATURAS

- ARE – Recurso Extraordinário com Agravo
- art. – artigo
- CARF – Conselho Administrativo de Recursos Fiscais
- CIBES – Comissão Interministerial de Controle de Exportação de Bens Sensíveis
- CNPJ – Cadastro Nacional de Pessoas Jurídicas
- COSIT – Coordenação Geral de Tributação
- CSRF – Câmara Superior do Conselho Administrativo de Recursos Fiscais
- CARF – Conselho Administrativo de Recursos Fiscais
- DL – Decreto-lei
- DRJ – Delegacia da Receita Federal de Julgamento
- DU-E – Declaração Única de Exportação
- ECT – Empresa Brasileira de Correios e Telégrafos
- ed. – edição
- *e.g.* – por exemplo (do latim, *exempli grata*)
- FGV – Fundação Getulio Vargas
- Fundap – Fundo de Desenvolvimento de Atividades Portuárias
- GATT – Acordo Geral de Tarifas e Comércio (do inglês, *General Agreement on Tariffs and Trade*)
- *i.e.* – isto é (do latim, id est)
- ICMS – Imposto sobre Circulação de Mercadorias e Serviços
- II – Imposto de Importação
- IN – Instrução Normativa
- IPI – Imposto Sobre Produtos Industrializados

Mercosul – Mercado Comum do Sul
Min. – ministro
NF-e – Nota Fiscal eletrônica
OMC – Organização Mundial do Comércio
ONU – Organizações da Nações Unidas
p. – página
p.ex. – por exemplo
Rel. – Relator
RFB – Receita Federal do Brasil
Siscomex – Sistema Integrado de Comércio Exterior
STJ – Superior Tribunal de Justiça

SUMÁRIO

INTRODUÇÃO	9
1. PANORAMA HISTÓRICO	13
2. INTERPOSIÇÃO FRAUDULENTA NA IMPORTAÇÃO	29
2.1. Modalidades de importação	29
2.1.1. Importação por conta e ordem de terceiros	29
2.1.2. Importação por encomenda	34
2.1.3. Importação própria	47
2.2. Interposição Fraudulenta de Terceiros	49
2.2.1. Modalidade comprovada	56
2.2.2. Modalidade presumida	81
2.2.3. Penalidades	86
2.2.4. Conclusões	103
3. INTERPOSIÇÃO FRAUDULENTA NA EXPORTAÇÃO	105
3.1. Contexto fático e legislativo	105
3.2. A interposição fraudulenta na exportação	112
3.3. A decisão do CARF no Acórdão 3201-005.152	119
CONCLUSÕES	137
REFERÊNCIAS	141
REFERÊNCIAS LEGISLATIVAS	147
REFERÊNCIAS JURISPRUDENCIAIS	153
OBRAS COMPLEMENTARES	157

Introdução

A interposição fraudulenta de terceiros nas operações de comércio exterior tem sido tema recorrente de autuações por parte da Receita Federal do Brasil (RFB) e vem ganhando importância em razão de seus impactos econômicos, tributários e criminais.

Conforme será detalhado ao longo deste trabalho, a legislação aduaneira brasileira não proíbe a interposição de terceiras pessoas nas operações de comércio exterior. Pelo contrário: em relação às operações de importação, o legislador reconheceu duas hipóteses em que é permitido ao importador valer-se de intermediários na operação, quais sejam, a importação por conta e ordem e a por encomenda (ambas espécies da modalidade de importação chamada de "indireta").

Contudo, para que tal interposição seja considerada legítima, os procedimentos e requisitos previstos na legislação devem ser devidamente cumpridos por todos os intervenientes da operação, o que inclui a prévia e formal comunicação à RFB a respeito da modalidade e estrutura de importação implementada.

Diante da importância do tema, a RFB disponibiliza em seu sítio eletrônico os procedimentos a serem seguidos pelos importadores que desejam valer-se das chamadas importações indiretas, deixando clara a possibilidade de implementação de tal estrutura, desde que observados os requisitos legais:

> *Muitas organizações optam por terceirizar as atividades-meio de seu empreendimento, o que ocorre também no comércio exterior. Atividades relacionadas à*

> *execução e gerenciamento dos aspectos operacionais, logísticos, burocráticos, financeiros e tributários da importação de mercadorias são transferidas a empresas especializadas.*
>
> Atualmente, duas formas de terceirização das operações de comércio exterior são reconhecidas e regulamentadas pela Receita Federal do Brasil (RFB), a Importação por Conta e Ordem e a Importação por Encomenda.
>
> Para que sejam consideradas regulares, tanto a prestação de serviços de importação realizada por uma empresa por conta e ordem de uma outra – chamada adquirente – quanto a importação promovida por pessoa jurídica importadora para revenda a uma outra – dita encomendante predeterminada – devem atender a determinadas condições previstas na legislação.
>
> *A escolha entre importar mercadoria estrangeira por conta própria ou por meio de um intermediário contratado para esse fim é livre e perfeitamente legal, seja esse intermediário um prestador de serviço ou um revendedor.* Entretanto, tanto o importador quanto o adquirente ou encomendante, conforme o caso, devem observar o tratamento tributário específico dessas operações e alguns cuidados especiais, a fim de que não sejam surpreendidos pela fiscalização da RFB e sejam autuados ou, até mesmo, que as mercadorias sejam apreendidas.
>
> Assim, a empresa que se decidir por terceirizar algumas ou todas as suas operações de comércio exterior deve estar atenta não só às diferenças de custos entre a importação por conta e ordem e por encomenda, mas também aos diferentes efeitos e obrigações tributárias a que estão sujeitas essas duas situações, não só na esfera federal, mas também no âmbito estadual[1]. (grifos da autora)

Diante desse contexto, são inúmeros os casos em que a RFB discorda dos procedimentos adotados pelos importadores, seja em razão da ausência de prévia comunicação da modalidade de importação adotada, seja em razão da inadequação da modalidade escolhida às operações efetivamente realizadas.

---

[1] BRASIL. Receita Federal do Brasil. Introdução. Disponível em: http://receita.economia.gov.br/orientacao/aduaneira/ manuais/despacho-de-importacao/topicos-1/importacao-por-conta-e-ordem-e-importacao-por-encomenda-1/ introdução. Acesso em: 19 abr. 2019.

INTRODUÇÃO

Nestes casos, os intervenientes da operação são muitas vezes autuados em razão do cometimento da infração conhecida como "interposição fraudulenta de terceiros", tema do presente trabalho.

O objetivo do presente estudo é o de analisar os requisitos necessários à configuração do ilícito de interpor fraudulentamente terceiros nas operações de comércio exterior. Pretende-se a realização de uma análise crítica do tema, que permita identificar eventuais excessos nas operações de comércio exterior, tanto da perspectiva das pessoas jurídicas, quanto das autoridades fiscais, e que por diversas vezes resultam na imputação indevida da interposição fraudulenta de terceiros.

A maior parte do estudo será dedicada à configuração da infração nas operações de importação, tendo em vista que este é objeto da absoluta maioria dos autos de infração lavrados pela RFB (e, consequentemente, da doutrina e da jurisprudência existentes sobre o assunto). Isto decorre não só do intenso e exaustivo controle aduaneiro voltado às importações, como também dos relevantes impactos tributários decorrentes da utilização de uma ou outra modalidade de importação.

Outro capítulo do trabalho será dedicado exclusivamente à imputação do ilícito da interposição fraudulenta de terceiros nas operações de exportação de mercadorias, principalmente nos casos de triangulação das exportações. O assunto é extremamente sensível pois atinge grandes multinacionais exportadoras, que tem papel de extrema relevância na economia brasileira. Conforme nota oficial recentemente divulgada pela RFB[2], tais estruturas configurariam planejamento tributários abusivos, sobre os quais já se tem notícia de autuações milionárias contra grandes multinacionais[3].

Portanto, o presente estudo busca analisar e consolidar os requisitos legais necessários à configuração da interposição fraudulenta nas operações de comércio exterior.

---

[2] BRASIL. Receita Federal do Brasil. Receita incrementa atuação no combate aos Planejamentos Tributários Abusivos. Disponível em: http://receita.economia.gov.br/sobre/acoes-e-programas/operacao-deflagrada/arquivos-e-imagens/ nota-planejamento-tributario-triangulacao-nas-exportacoes.pdf. Acesso em: 19 abr. 2019

[3] FERNANDES, Adriana; SERAPIÃO, Fabio. Receita mira fraude em exportação. **Portal Terra**, 23 dez. 2018. Disponível em: https://www.terra.com.br/economia/receita-mira-fraude-em-exportacao,a63e21f2eb56fd510de6a5b3 baaba91fcq1698ux.html. Acesso em: 19 abr. 2019.

Diante desta breve introdução, passemos à análise do panorama histórico a respeito das operações de comércio exterior no Brasil.

Na sequência, o estudo será dedicado à infração da interposição fraudulenta de terceiros na importação e na exportação, incluindo os elementos necessários à sua configuração e as penalidades aplicáveis sob as diferentes modalidades. Serão analisados casos práticos envolvendo a configuração do ilícito tanto nas operações de importação quanto de exportação, a fim de que se verifique eventuais excessos cometidos tanto pelos intervenientes das operações, quanto pelas autoridades fiscais e aduaneiras.

1. Panorama Histórico

A abertura comercial do Brasil teve início nos anos vinte do século passado, quando a combinação entre os fluxos de comércio e de capitais resultaram em medidas voltadas à internacionalização da economia[4], como por exemplo a redução das tarifas de importação e a reestruturação de incentivos ligados à exportação.

Tal período coincide com a assinatura do Tratado de Assunção, em 26 de março de 1991, por Brasil, Argentina, Paraguai e Uruguai, que culminou na constituição do Mercado Comum do Sul (Mercosul), e também com a criação da Organização Mundial do Comércio (OMC), em 1º de janeiro de 1995, consubstanciada com a assinatura do Acordo de Marrakesh, que substituiu o então Acordo Geral de Tarifas e Comércio (GATT).

Do ponto de vista da legislação doméstica vigente à época, a operação de importação somente poderia ser feita pelo próprio importador (o que hoje é conhecido como importação na modalidade "direta"), entendido como aquele que "promova a entrada de mercadoria estrangeira no território nacional", nos termos do artigo 31, inciso I, do Decreto-lei nº 37, de 18 de novembro de 1966.

Contudo, diversos fatores ensejaram a introdução de uma nova modalidade de importação (hoje conhecida como importação na modalidade "indireta") no ordenamento jurídico brasileiro.

---

[4] CASTILHO, Marta Reis Impacto de Mudanças do Comércio Exterior Brasileiro sobre o Emprego Feminino. **Análise Econômica.** mar. 2010. p. 221-250.

Como é sabido, as constantes mudanças nas relações econômicas resultantes do processo intenso de globalização trouxeram consigo impactos positivos e negativos à sociedade. Entre as consequências negativas, verificou-se a utilização do comércio internacional como meio para a prática de ilícitos, como por exemplo a evasão de divisas ao exterior[5] e a proliferação de empresas de fachada para a estruturação de operações simuladas que fugiam do controle aduaneiro dos Estados envolvidos[6].

A resposta dos Governos a tal situação é bem sintetizada por Barbieri:

> Para dar uma resposta a esses tipos de ilícitos aduaneiros, havia a necessidade de se redirecionar o foco do controle aduaneiro, que até então era efetuada em cada operação individualizada apenas no momento do despacho aduaneiro de exportação ("foco na mercadoria"), para os *agentes envolvidos* nas operações de comércio exterior, delimitando-se a responsabilidade de cada um deles, com a consequente definição legal das condutas típicas e das penalidades aplicáveis[7].

A direta relação entre a crescente globalização e o aprimoramento do controle aduaneiro por parte das autoridades brasileiras também é bem descrita pelo Conselheiro Waldir Navarro Bezerra da 4ª Câmara da 2ª Turma Ordinária da 3ª Seção de Julgamento do Conselho Administrativo de Recursos Fiscais (CARF), em voto proferido quando do julgamento do Acórdão nº 3402-003.214, em 24 de agosto de 2016:

> Desde da edição do Decreto Lei 37/1966, o Brasil busca coibir as irregularidades na importação.

---

[5] NAVARRO, Carlos Eduardo. **Ocultação do Sujeito Passivo na Importação Mediante Interposição Fraudulenta de Terceiro**. 2016. p. 38. 71 f. Dissertação (mestrado em Direito Tributário) – Escola de Direito de São Paulo da Fundação Getulio Vargas. São Paulo. Disponível em: https://bibliotecadigital.fgv.br/dspace/bitstream/handle/10438/17401/NAVARRO%20-%2031.10.pdf?sequence=5&isAllowed=y. Acesso em: 19 abr. 2019.

[6] BARBIERI, Luís Eduardo Garrossino. Interposição Fraudulenta de Pessoas: Tipicidade da Infração e a Necessidade da Comprovação do Dolo. *In:* BRITTO, D (org.). **Questões Controvertidas do Direito Aduaneiro.** São Paulo: IOB Folhamatic EBS – SAGE, 2014. p. 413-432.

[7] BARBIERI, Luís Eduardo Garrossino. Interposição Fraudulenta de Pessoas: Tipicidade da Infração e a Necessidade da Comprovação do Dolo. *In:* BRITTO, D (org.). **Questões Controvertidas do Direito Aduaneiro.** São Paulo: IOB Folhamatic EBS – SAGE, 2014. p. 416.

Este diploma legal, determinava a conferência física e documental da totalidade das mercadorias importadas. Com o crescimento da economia nacional, a crescente integração do País no plano internacional e o aumento significativo das operações de comércio exterior o Estado Brasileiro, decidiu modificar os controles que até então vinha exercendo sobre a importação, desenvolvendo controles específicos que se adequassem ao incremento das operações na área aduaneira. A solução veio com a entrada em produção do Siscomex Importação em janeiro de 1997. A partir deste sistema, os controles de despacho aduaneiro de importação passaram a utilizar canais de conferência, que determinaram níveis diferentes de controles aduaneiros. Desde um controle total durante o despacho aduaneiro, com conferência documental, física das mercadorias e avaliação do valor aduaneiro até a um nível mínimo de conferência.

Ao modernizar o seu sistema de controle aduaneiro o País flexibilizou o controle individual das mercadorias importadas, mas, daí nasceu a necessidade de também trabalhar o controle em nível de operadores de comércio exterior. [...][8]

Assim, foi com a implementação do Sistema Integrado de Comércio Exterior (Siscomex) que o Estado brasileiro passou a aprimorar o controle sobre as operações de comércio exterior, em sistema informatizado que concentrava todas as informações sobre tais operações[9]. O sistema foi inicialmente criado para controlar as operações de exportação, tendo seu escopo expandido para as importações em 1997[10].

Paralelamente ao incremento dos ilícitos nas operações de comércio exterior, o Estado Brasileiro via-se de mãos atadas diante da implemen-

---

[8] Conselho Administrativo de Recursos Fiscais. Acórdão nº 3402-003.214. Rel. Waldir Navarro Bezerra. 4ª Câmara da 2ª Turma Ordinária da 3ª Seção de Julgamento, j. 24.08.2016. DJ 13.09.2016, p. 16. Disponível em:https://carf.fazenda.gov.br/sincon/public/pages/ConsultarJurisprudencia/listaJurisprudenciaCarf.jsf. Acesso em: 14 fev. 2019.
[9] DOMINGO, Luiz Roberto. Infração Aduaneira sem Prática de Ilícito. In: BRITO, D. (org.). **Questões Controvertidas do Direito Aduaneiro**. São Paulo: IOB Folhamatics EBS – SAGE, 2014. p. 498.
[10] Conforme informações disponíveis no Portal Siscomex, disponível em: http://portal.siscomex.gov.br/conheca-o-portal/O_Portal_Siscomex. Acesso em: 24 mai. 2019.

tação de planejamentos tributários que diminuíam a arrecadação tributária sobre essas operações[11].

Isso porque, à época em que apenas a importação direta era prevista, a legislação[12] do Imposto Sobre Produtos Industrializados (IPI) passou a equiparar o importador a estabelecimento industrial para fins de incidência do tributo, nos seguintes termos:

> "Art. 4º – Equiparam-se a estabelecimento produtor, para todos os efeitos desta Lei:
>
> I – os importadores e os arrematantes de produtos de procedência estrangeira".

É dizer, quando o importador promove a saída de mercadoria importada no território nacional, deve recolher o IPI sobre tal operação.

A fim de "quebrar" a cadeia do IPI, diversas empresas passaram a valer-se de terceiros que agiam como importadores das mercadorias. Nesses casos, as entidades de fato interessadas na venda das mercadorias importadas atuavam como meros distribuidores que não eram equiparados a estabelecimento industrial e, portanto, não se sujeitavam ao recolhimento do IPI. A consequência dessa interposição era a concentração da margem da operação na saída do estabelecimento distribuidor, sem o recolhimento do IPI.

Além disso, a criação de incentivos fiscais relacionados ao Imposto sobre Circulação de Mercadorias e Serviços (ICMS) por parte do Estado do Espírito Santo, ligado ao Fundo de Desenvolvimento de Atividades Portuárias (Fundap) também prejudicava a arrecadação dos Estados diante do panorama legislativo da época[13].

Isso porque, por meio do Fundap, a importação de mercadorias com desembaraço aduaneiro no Estado do Espírito Santo era beneficiada

---

[11] Bezerra, Eduardo Navarro; Uliana Jr, Laércio Cruz Uliana. Importação por Conta e Ordem de Terceiros: Teoria e Prática. *In:* Brito, D. (org.). **Questões Controvertidas do Direito Aduaneiro**. São Paulo: IOB Folhamatics EBS – SAGE, 2014. p. 123-133.

[12] Lei nº 4.502, de 30 de novembro de 1964.

[13] Russo, Douglas Mangini. **Modalidades de Contratos de Importação para Terceiros**. 2017. Projeto de Pesquisa apresentado ao Mestrado Profissional da FGV Direito. São Paulo. Disponível em: https://direitosp.fgv.br/sites/direitosp.fgv.br/files/douglas_mangini_russo.pdf. Acesso em: 12 abr. 2019.

pelo diferimento do ICMS para o momento da saída da mercadoria do estabelecimento importador e pelo financiamento concedido ao importador, o que acabava por reduzir a carga tributária da operação[14].

Assim, diversas empresas passaram a se interessar pelo Fundap, mesmo aquelas que não eram localizadas no Estado do Espírito Santo. Foi nesse contexto que as chamadas *trading companies* passaram a atuar no Estado, agindo como prestadoras de serviço na realização de importações beneficiadas pelos incentivos fiscais. Contudo, tal estruturação estava à margem da legislação aduaneira, que apenas previa a importação direta.

Nesse contexto, visando incrementar o controle das operações de comércio exterior, e a fim de adaptar a legislação aduaneira às novas estruturas de planejamento tributário, a RFB criou a chamada importação por conta e ordem de terceiros, nos termos do artigo 80, inciso I, da Medida Provisória nº 2.158-35/2001, que foi posteriormente regulamentada pela Instrução Normativa nº 225/2002[15]. Assim previa a redação original do artigo 80, inciso I:

> Art. 80. A Secretaria da Receita Federal poderá:
>
> I – estabelecer requisitos e condições para a atuação de pessoa jurídica importadora por conta e ordem de terceiro; e [...]

Na mesma época, foi publicada a Lei nº 10.637/2002, resultado da conversão da Medida Provisória nº 66/2002. O artigo 27 da referida Lei prevê que a operação de comércio exterior realizada mediante recursos de terceiro presume-se por conta e ordem deste[16].

Tal determinação visou delimitar o alcance das disposições dos artigos 77 a 81 da Medida Provisória nº 2.158-35/2001[17], os quais equiparam

---

[14] TAMANINI, Margarete. O Fundap bem explicado. **Comex Blog**. Disponível em: https://www.comexblog.com.br/beneficios-fiscais/o-fundap-bem-explicado/. Acesso em: 12 abr. 2019.

[15] A Instrução Normativa nº 225/2002 foi recentemente revogada pela Instrução Normativa nº 1.861/2018, conforme será detalhado ao longo deste estudo.

[16] "Art. 27. A operação de comércio exterior realizada mediante utilização de recursos de terceiro presume-se por conta e ordem deste, para fins de aplicação do disposto nos arts. 77 a 81 da Medida Provisória nº 2.158-35, de 24 de agosto de 2001."

[17] "Art. 77. O parágrafo único do art. 32 do Decreto-Lei nº 37, de 18 de novembro de 1966, passa a vigorar com a seguinte redação:
"Art. 32. ....
....

o adquirente nacional das mercadorias importadas por conta e ordem como estabelecimento industrial para fins de apuração do IPI e das Contribuições para o PIS/COFINS. Do mesmo modo, o adquirente passou a ser considerado responsável solidário, juntamente com o importador, pelo Imposto de Importação (II) e pelas infrações à legislação aduaneira. Também foi atribuída à RFB os poderes para estabelecer requisitos e condições da chamada importação por conta e ordem de terceiros.

Além disso, o artigo 59 da Lei nº 10.637/2002 passou a prever o ilícito objeto de análise deste trabalho, qual seja, a ocultação de terceiros nas operações de comércio exterior, inclusive nos casos de interposição fraudulenta de terceiros.

Tal artigo inseriu o inciso V e os §§ 1º a 4º no artigo 23 do Decreto-lei nº 1.455/1976, cuja redação atual é a seguinte:

> Art. 23. Consideram-se dano ao Erário as infrações relativas às mercadorias:
>
> [...]

Parágrafo único. É responsável solidário:
I – o adquirente ou cessionário de mercadoria beneficiada com isenção ou redução do imposto;
II – o representante, no País, do transportador estrangeiro;
III – o adquirente de mercadoria de procedência estrangeira, no caso de importação realizada por sua conta e ordem, por intermédio de pessoa jurídica importadora." (NR)
Art. 78. O art. 95 do Decreto-Lei nº 37, de 1966, passa a vigorar acrescido do inciso V, com a seguinte redação:
"V – conjunta ou isoladamente, o adquirente de mercadoria de procedência estrangeira, no caso da importação realizada por sua conta e ordem, por intermédio de pessoa jurídica importadora." (NR)
Art. 79. Equiparam-se a estabelecimento industrial os estabelecimentos, atacadistas ou varejistas, que adquirirem produtos de procedência estrangeira, importados por sua conta e ordem, por intermédio de pessoa jurídica importadora.
Art. 80. A Secretaria da Receita Federal poderá:
I – estabelecer requisitos e condições para a atuação de pessoa jurídica importadora ou exportadora por conta e ordem de terceiro; e (Redação dada pela Lei nº 12.995, de 2014)
II – exigir prestação de garantia como condição para a entrega de mercadorias, quando o valor das importações for incompatível com o capital social ou o patrimônio líquido do importador ou do adquirente.
Art. 81. Aplicam-se à pessoa jurídica adquirente de mercadoria de procedência estrangeira, no caso da importação realizada por sua conta e ordem, por intermédio de pessoa jurídica importadora, as normas de incidência das contribuições para o PIS/PASEP e COFINS sobre a receita bruta do importador."

V – estrangeiras ou nacionais, na importação ou na exportação, na hipótese de ocultação do sujeito passivo, do real vendedor, comprador ou de responsável pela operação, mediante fraude ou simulação, inclusive a interposição fraudulenta de terceiros. *(Incluído pela Lei nº 10.637, de 30.12.2002)*

§ 1º O dano ao erário decorrente das infrações previstas no *caput* deste artigo será punido com a pena de perdimento das mercadorias. *(Incluído pela Lei nº 10.637, de 30.12.2002)*

§ 2º Presume-se interposição fraudulenta na operação de comércio exterior a não comprovação da origem, disponibilidade e transferência dos recursos empregados. *(Incluído pela Lei nº 10.637, de 30.12.2002)*

§ 3º As infrações previstas no *caput* serão punidas com multa equivalente ao valor aduaneiro da mercadoria, na importação, ou ao preço constante da respectiva nota fiscal ou documento equivalente, na exportação, quando a mercadoria não for localizada, ou tiver sido consumida ou revendida, observados o rito e as competências estabelecidos no Decreto no 70.235, de 6 de março de 1972. *(Redação dada pela Lei nº 12.350, de 2010)*

§ 4º O disposto no § 3º não impede a apreensão da mercadoria nos casos previstos no inciso I ou quando for proibida sua importação, consumo ou circulação no território nacional. *(Incluído pela Lei nº 10.637, de 30.12.2002)*

A fim de coibir a presunção da interposição fraudulenta prevista no § 2º do inciso V do artigo 23 supratranscrito, o artigo 60 da Lei nº 10.637/2002 instituiu a penalidade de inaptidão do Cadastro Nacional de Pessoas Jurídicas (CNPJ) à pessoa jurídica que não comprove a origem, disponibilidade e transferência dos recursos empregados[18].

---

[18] O artigo 60 alterou a redação do artigo 81, § 1º, da Lei nº 9.430/1996, nos seguintes termos:
Art. 60. O art. 81 da Lei nº 9.430, de 27 de dezembro de 1996, passa a vigorar com as seguintes alterações:
"Art. 81. ....
§ 1º Será também declarada inapta a inscrição da pessoa jurídica que não comprove a origem, a disponibilidade e a efetiva transferência, se for o caso, dos recursos empregados em operações de comércio exterior.

Conforme Exposição de Motivos da Medida Provisória nº 66, tais alterações legislativas tinham como objetivo aprimorar a legislação aduaneira no que concerne à prevenção e ao combate à fraude:

> 18. O art. 29 pretende instituir presunção legal que caracterize operações por conta e ordem de terceiros, com o objetivo de criar instrumento mais eficaz para o combate efetivo de fraudes fiscais praticadas em operações de comércio exterior.
> [...]
> 43. Os arts. 59 e 60 visam aperfeiçoar a legislação aduaneira no que concerne à prevenção e ao combate à fraudes.[19]

Dando sequência aos esforços no combate à fraude das operações de comércio exterior, a então Secretaria da Receita Federal editou a Instrução Normativa nº 228/2002. Tal norma dispõe sobre procedimento especial de verificação da origem dos recursos aplicados em operações de comércio exterior e combate à interposição fraudulenta de pessoas, conforme será detalhado ao longo deste estudo.

Assim, verifica-se que os esforços legislativos acima descritos resultaram na criação de uma segunda modalidade de importação, qual seja, a importação por conta e ordem de terceiros.

Portanto, ou a empresa realizava a importação para si própria (importação direta), ou contratava um terceiro, prestador do serviço, para lidar com os trâmites aduaneiros de importação que seria financiada pelo próprio adquirente da mercadoria (importação por conta e ordem de terceiros).

§ 2º Para fins do disposto no § 1º, a comprovação da origem de recursos provenientes do exterior dar-se-á mediante, cumulativamente:
I – prova do regular fechamento da operação de câmbio, inclusive com a identificação da instituição financeira no exterior encarregada da remessa dos recursos para o País;
II – identificação do remetente dos recursos, assim entendido como a pessoa física ou jurídica titular dos recursos remetidos.
§ 3º No caso de o remetente referido no inciso II do § 2º ser pessoa jurídica deverão ser também identificados os integrantes de seus quadros societário e gerencial.
§ 4º O disposto nos §§ 2º e 3º aplica-se, também, na hipótese de que trata o § 2º do art. 23 do Decreto-Lei nº 1.455, de 7 de abril de 1976."(NR)

[19] MALAN, Pedro Sampaio. Exposição de Motivos à Medida Provisória nº 66 de 2002. 29 ago. 2002. Site do Planalto. Disponível em: http://www.planalto.gov.br/ccivil_03/Exm/2002/211-MF-02.htm. Acesso em: 21 abr. 2019.

Contudo, logo verificou-se que parte das operações de comércio exterior continuavam a ser feitas ao arrepio da legislação, gerando impactos negativos ao controle aduaneiro e à arrecadação tributária.

Exemplo disto é o fato de a importação por conta e ordem ter contribuído para a chamada "Guerra Fiscal". Diversos Estados passaram a questionar o local de recolhimento do ICMS devido sobre a importação de mercadorias no âmbito do Fundap, sob o argumento de que as *tradings companies* localizadas no Estado do Espírito Santo não eram as efetivas adquirentes das mercadorias, mas meras prestadoras de serviços.

Portanto, os Estados onde localizados os adquirentes das mercadorias passaram a sustentar que o ICMS não deveria ser recolhido para o Estado do Espírito Santo, mas sim para os seus Estados, onde localizado o destinatário jurídico e efetivo das mercadorias importadas.

Tal disputa entre os Estados trouxe enormes prejuízos às *tradings* e aos importadores, que se viam acuados a contratar terceiros para realizar as operações de importação, em razão da grande chance de questionamento por parte dos fiscos estaduais[20].

---

[20] O tema permanece sendo objeto de diversas autuações por parte das autoridades fiscais estaduais. Em maio de 2020, o Supremo Tribunal Federal julgou, sob o rito de repercussão geral, o ARE nº 665.134/MG, que discutia quem seria o Estado competente para exigir o ICMS na importação. No caso, o desembaraço das mercadorias importadas (matérias-primas) ocorreu em São Paulo, com posterior remessa a Minas Gerais para industrialização e retorno a São Paulo para comercialização. Foi fixada a seguinte tese: "*O sujeito ativo da obrigação tributária de ICMS incidente sobre mercadoria importada é o Estado-membro no qual está domiciliado ou estabelecido o destinatário legal da operação que deu causa à circulação da mercadoria, com a transferência de domínio.*". Em seu voto, o Relator Ministro Edson Fachin definiu o destinatário legal da mercadoria de acordo com as três modalidades de importação:
"a) Na importação por conta própria, a destinatária econômica coincide com a jurídica, uma vez que a importadora utiliza a mercadoria em sua cadeia produtiva;
b) Na importação por conta e ordem de terceiro, a destinatária jurídica é quem dá causa efetiva à operação de importação, ou seja, a parte contratante de prestação de serviço consistente na realização de despacho aduaneiro de mercadoria, em nome próprio, por parte da importadora contratada;
c) Na importação por conta própria, sob encomenda, a destinatária jurídica é a sociedade empresária importadora (trading company), pois é quem incorre no fato gerador do ICMS com o fito de posterior revenda, ainda que mediante acerto prévio, após o processo de internalização."
Contudo, em razão de diversas contradições entre a tese acolhida e o resultado do julgamento (que definiu que o ICMS seria devido para Minas Gerais, e não para São Paulo), foram opostos

Nesse contexto, e a fim de viabilizar as operações de importação por terceiros, foi criada a modalidade de importação por encomenda.

A proposição legislativa decorreu da apresentação de duas emendas à Medida Provisória nº 267/2005 por parte do Deputado Federal Natan Donadon, que assim justificou a necessidade de regulamentação desta segunda modalidade de importação indireta:

> [...] a falta de definição precisa da importação por conta própria na legislação tributária vem causando sérias divergências entre as empresas comerciais importadoras e as autoridades fiscais a respeito dos elementos que a caracterizam, notadamente quando o importador possui contrato de compra e venda firmado com o encomendante interno. Em decorrência, vários autos de infração foram lavrados contra empresas comerciais importadoras localizadas em diversos pontos do território nacional, inclusive com a aplicação da pena de perdimento, sob alegação de ocultação do encomendante interno da mercadoria, nada obstante se trate de operação por conta própria da importadora. A par de afetar os contribuintes, tal procedimento vem afetando as receitas de Estados com intenso movimento portuário e que cujas receitas provêm, em grande parte, das operações de importação, como é o caso do Espírito Santo.
>
> Assim sendo, torna-se urgente a solução da questão, em nível nacional, de modo a preservar os legítimos interesses da União e evitar que dúvidas acerca do alcance da legislação prejudique o comércio exterior e abale o sistema federativo[21].

A Medida Provisória nº 267/2005 foi, então, convertida na Lei nº 11.281/2006, que passou a prever a modalidade de importação por encomenda, cujos principais elementos são descritos no artigo 11:

> "Art. 11. A importação promovida por pessoa jurídica importadora que adquire mercadorias no exterior para revenda a encomendante predeterminado não configura importação por conta e ordem de terceiros.

Embargos de Declaração que, até o momento da edição desta obra, ainda estavam pendentes de julgamento.

[21] DONADON, Natan. Exposição de Motivos à Medida Provisória nº 267 de 2005. 5 dez. 2005. Site do Câmara. Disponível em: https://www.camara.leg.br/proposicoesWeb/prop_mostrar integra?codteor=366203&filename=Tramitacao-EMC +6/2005+MPV26705+%3D%3E+M PV+267/2005. Acesso em: 18 abr. 2019.

§ 1º A Secretaria da Receita Federal:

I – estabelecerá os requisitos e condições para a atuação de pessoa jurídica importadora na forma do caput deste artigo; e

II – poderá exigir prestação de garantia como condição para a entrega de mercadorias quando o valor das importações for incompatível com o capital social ou o patrimônio líquido do importador ou do encomendante.

§ 2º A operação de comércio exterior realizada em desacordo com os requisitos e condições estabelecidos na forma do § 1º deste artigo presume-se por conta e ordem de terceiros, para fins de aplicação do disposto nos arts. 77 a 81 da Medida Provisória nº 2.158-35, de 24 de agosto de 2001.

§ 3º Considera-se promovida na forma do caput deste artigo a importação realizada com recursos próprios da pessoa jurídica importadora, participando ou não o encomendante das operações comerciais relativas à aquisição dos produtos no exterior. (Incluído pela Lei nº 11.452, de 2007)

Apesar da má técnica legislativa, a leitura de tal dispositivo permite concluir que a importação por encomenda é aquela em que o importador adquire, com seus próprios recursos, a propriedade das mercadorias importadas que, uma vez nacionalizadas, são revendidas ao encomendante predeterminado. Tal operação foi regulamentada pela RFB por meio da edição da Instrução Normativa nº 634/2006[22].

Importante ressaltar que, a fim de evitar possíveis tentativas de fraude, optou o legislador por atribuir ao encomendante os mesmos efeitos tributários que atingem o adquirente na importação por conta e ordem de terceiros[23]. Assim, para fins fiscais, o encomendante também foi equiparado a industrial para fins de IPI, sendo considerado responsável

---

[22] A Instrução Normativa nº 634/2006 foi recentemente revogada pela Instrução Normativa nº 1.861/2018, conforme será detalhado ao longo deste estudo.

[23] "Art. 12. Os arts. 32 e 95 do Decreto-Lei nº 37, de 18 de novembro de 1966, passam a vigorar com a seguinte redação:
"Art. 32. [...]
Parágrafo único. [...]
c) o adquirente de mercadoria de procedência estrangeira, no caso de importação realizada por sua conta e ordem, por intermédio de pessoa jurídica importadora;

solidário, juntamente com o importador, pelo II e pelas infrações à legislação aduaneira. Além disso, o artigo 14 da Lei nº 11.281/2006 prevê expressamente que se aplicam as regras de preços de transferência ao importador e ao encomendante.

Neste momento, já é possível verificar que a opção pela importação por encomenda ou por conta e ordem possui implicações tributárias e aduaneiras que as diferenciam da chamada importação direta, o que por muitas vezes fundamenta o cometimento da interposição fraudulenta de terceiros. No próximo capítulo deste trabalho, analisaremos em detalhe as diferenças entre cada uma das modalidades de importação, cujo entendimento é de extrema importância para que se compreenda o alcance da infração de interposição fraudulenta de terceiros.

Em voto proferido no julgamento do Acórdão nº 9303-006.509 pela 3ª Turma da Câmara Superior do CARF, em 14 de março de 2018, o Conselheiro Andrada Márcio Canuto Natal bem sintetizou os principais impactos decorrentes da adoção de uma das modalidades indiretas de importação:

> Como se vê, a opção pela importação por conta e ordem ou por encomenda traz relevantes requisitos e consequências: (i) obrigação de informar previamente à RFB a escolha dessa modalidade negocial, (ii) prestação de garantia como condição para a entrega de mercadorias, quando o valor for incompatível com seu capital social ou o patrimônio líquido; (iii) sujeição ao procedimento especial previsto na IN SRF 228/2002; (iv) responsabilidade solidária quanto ao imposto de importação; (v) responsabilidade conjunta ou isolada, quanto às infrações aduaneiras; (vi) sujeição ao pagamento dos tributos relativos ao IPI de sua saída por

---

d) o encomendante predeterminado que adquire mercadoria de procedência estrangeira de pessoa jurídica importadora." (NR)
"Art. 95. [...]
VI – conjunta ou isoladamente, o encomendante predeterminado que adquire mercadoria de procedência estrangeira de pessoa jurídica importadora." (NR)
Art. 13. Equiparam-se a estabelecimento industrial os estabelecimentos, atacadistas ou varejistas, que adquirirem produtos de procedência estrangeira, importados por encomenda ou por sua conta e ordem, por intermédio de pessoa jurídica importadora.
Art. 14. Aplicam-se ao importador e ao encomendante as regras de preço de transferência de que trata a Lei nº 9.430, de 27 de dezembro de 1996, nas importações de que trata o art. 11 desta Lei."

contribuinte por equiparação; (vii) sujeição aos pagamentos de PIS/Pasep e Cofins sob as normas de incidência sobre a receita bruta do importador[24].

De fato, o cometimento da interposição fraudulenta de terceiros muitas vezes ocorre justamente a fim de evitar os impactos retro descritos. De modo geral, busca-se conferir à importação indireta a roupagem da importação direta, que pode trazer diversas vantagens àquele que se oculta.

Para melhor entendimento, pedimos vênia para transcrever outro trecho do voto proferido pelo Conselheiro Andrada Márcio Canuto Natal no julgamento anteriormente referido:

> Pelo menos em tese, há inúmeras vantagens na prática de operações comércio exterior mediante a interposição ilícita de pessoas como: (i) burla os controles da habilitação para operar no comércio exterior; (ii) blindagem do patrimônio do real adquirente ou encomendante, no caso de eventual lançamento de tributos ou infrações; (iii) quebra da cadeia do IPI; (iv) sonegação de PIS e Cofins relativamente ao real adquirente, (v) lavagem de dinheiro e ocultação da origem de bens e valores, (vi) aproveitamento indevido de incentivos fiscais do ICMS[25].

Encerrando a evolução legislativa que se pretendia analisar, faz-se referência ao artigo 33 da Lei nº 11.488/2007, que instituiu a multa de 10% do valor da operação à pessoa jurídica que ceder seu nome, inclusive

---

[24] Conselho Administrativo de Recursos Fiscais. Acórdão nº 9303-006.509. Rel. Tatiana Midori Migiyama. 3ª Turma da Câmara Superior, j. 14.03.2018, DJ 23.05.2018, p. 24. Disponível em: https://carf.fazenda.gov.br/sincon/public/pages/ConsultarJurisprudencia/listaJurisprudenciaCarf.jsf. Acesso em: 14 fev. 2019.

[25] Conselho Administrativo de Recursos Fiscais. Acórdão nº 9303-006.509. Rel. Tatiana Midori Migiyama. 3ª Turma da Câmara Superior, j. 14.03.2018, DJ 23.05.2018, p. 25. Disponível em: https://carf.fazenda.gov.br/sincon/public/pages/ConsultarJurisprudencia/listaJurisprudenciaCarf.jsf. Acesso em: 14 fev. 2019. Vale salientar também que, no âmbito dos Estados, a criação da importação por encomenda e a sua diferenciação da importação por conta e ordem levou o Estado de São Paulo e do Espírito Santo a assinarem um acordo (Protocolo nº 23/2009), de acordo com o qual foram estabelecidas as seguintes regras de recolhimento do ICMS nas importações indiretas, de forma resumida: sendo a importação realizada por conta e ordem de terceiros, o ICMS deve ser recolhido ao Estado do adquirente; já sob a importação por encomenda, o ICMS deve ser recolhido ao Estado do importador.

mediante a disponibilização de documentos próprios, para a realização de operações de comércio exterior de terceiros com vistas no acobertamento de seus reais intervenientes ou beneficiários, nos seguintes termos:

> Art. 33. A pessoa jurídica que ceder seu nome, inclusive mediante a disponibilização de documentos próprios, para a realização de operações de comércio exterior de terceiros com vistas no acobertamento de seus reais intervenientes ou beneficiários fica sujeita a multa de 10% (dez por cento) do valor da operação acobertada, não podendo ser inferior a R$ 5.000,00 (cinco mil reais).
>
> Parágrafo único. À hipótese prevista no caput deste artigo não se aplica o disposto no art. 81 da Lei nº 9.430, de 27 de dezembro de 1996.

Portanto, observa-se que a evolução histórica e o aprimoramento da legislação aduaneira em relação às importações tiveram como origem a globalização, o cometimento de infrações aduaneiras e a evasão fiscal por parte das empresas.

Consequentemente, a intenção do legislador em regulamentar diferentes modalidades de importação, inclusive com a imposição de sanções, foi justamente propiciar maior transparência às operações, permitindo o maior e mais efetivo controle aduaneiro e tributário dos intervenientes do comércio exterior.

As importações por encomenda e por conta e ordem de terceiros representam hipóteses legais de interposição de terceiros que, se observados os procedimentos previstos na legislação, são plenamente válidas e devem ser aceitas pelas autoridades aduaneiras. Conforme será demonstrado ao longo do trabalho, o que o legislador pretende combater é a interposição de terceiros que não seja devidamente declarada às autoridades, mediante a aplicação de fraude e simulação.

Assim, a compreensão das diversas formas de importação é de extrema importância para que se compreenda o cometimento da infração da interposição fraudulenta. Isso porque a RFB fundamenta as acusações das mais diversas formas, seja para descaracterizar uma importação direta para caracterizá-la como indireta, seja para atribuir a terceiro a figura do encomendante e do adquirente, quando adotada uma das modalidades de importação indireta. O próximo capítulo deste trabalho será dedicado ao estudo da interposição fraudulenta de terceiros na importação, o que incluirá também a análise específica das diferentes modalidades de importação.

Por fim, ressalte-se que, em relação ao histórico das modalidades das exportações, as discussões doutrinárias sobre o tema são escassas, tendo em vista que o estímulo às exportações como política de governo implicou menores controles e burocracias por parte do Estado. Diferentemente da importação, cujo histórico mostra-se necessário ao devido entendimento do tema, a análise da legislação vigente sobre a exportação é suficiente para a compreensão das recentes discussões envolvendo a interposição fraudulenta de terceiros.

2. Interposição Fraudulenta na Importação

Feito este breve histórico, passemos à análise do tema central do presente estudo, qual seja, da infração conhecida como "interposição fraudulenta de terceiros".

O presente capítulo será dedicado a analisar a configuração da infração nas operações de importação, que representa a vasta maioria dos autos de infração sobre o tema. A configuração da infração nas operações de exportação será objeto de análise no capítulo seguinte.

Para que o ilícito da interposição fraudulenta de terceiros na importação seja compreendido em sua integralidade, analisaremos previamente as diferentes modalidades de importação previstas na legislação aduaneira.

2.1. Modalidades de importação

2.1.1. *Importação por conta e ordem de terceiros*

A importação por conta e ordem de terceiros é modalidade de importação indireta em que o importador (geralmente uma *trading company*) promove o despacho aduaneiro de importação de mercadorias adquiridas por outra entidade ("adquirente"), em razão de contrato de prestação de serviços previamente firmado.

De acordo com as informações disponibilizadas no *site* da RFB:

> Assim, na importação por conta e ordem, embora a atuação da empresa importadora possa abranger desde a simples execução do despacho de

importação até a intermediação da negociação no exterior, contratação do transporte, seguro, entre outros, *o importador de fato é a adquirente*, a mandante da importação, aquela que efetivamente faz vir a mercadoria de outro país, em razão da compra internacional; embora, nesse caso, o faça por via de interposta pessoa – a importadora por conta e ordem –, que é uma mera mandatária da adquirente.

Dessa forma, mesmo que a importadora por conta e ordem efetue os pagamentos ao fornecedor estrangeiro, antecipados ou não, não se caracteriza uma operação por sua conta própria, mas, sim, entre o exportador estrangeiro e a empresa adquirente, pois dela se originam os recursos financeiros[26]. (grifos da autora)

Assim, observa-se que na importação por conta e ordem o adquirente é quem efetivamente é interessado na operação de importação e quem figura como comprador perante o vendedor estrangeiro. Nos termos do artigo 2º da Instrução Normativa nº 1.861/2018:

Art. 2º Considera-se operação de importação por conta e ordem de terceiro aquela em que a pessoa jurídica importadora é contratada para promover, em seu nome, o despacho aduaneiro de importação de mercadoria estrangeira, adquirida no exterior por outra pessoa jurídica.

§ 1º Considera-se adquirente de mercadoria estrangeira importada por sua conta e ordem a pessoa jurídica que realiza transação comercial de compra e venda da mercadoria no exterior, em seu nome e com recursos próprios, e contrata o importador por conta e ordem referido no caput para promover o despacho aduaneiro de importação. [...]

O importador, por sua vez, age como mero mandatário do adquirente, não adquirindo propriedade das mercadorias importadas. Como resultado, após o desembaraço aduaneiro, o importador apenas é possuidor das mercadorias até que estas sejam transferidas ao adquirente.

---

[26] BRASIL. Receita Federal do Brasil. O que é a Importação por Conta e Ordem. Disponível em http://receita.economia.gov.br/orientacao/aduaneira/manuais/despacho-de-importacao/topicos-1/importacao-por-conta-e-ordem-e-importacao-por-encomenda-1/importacao-por-conta-e-ordem/o-que-e-a-importacao-por-conta-e-ordem. Acesso em: 24 abr. 2019.

Nos termos da Instrução Normativa nº 1.861/2018, o importador presta serviços de promoção do despacho aduaneiro de importação ao adquirente, sendo que o contrato também pode incluir outros serviços relacionados à importação, tais como "a realização de cotação de preços, a intermediação comercial e o pagamento ao fornecedor estrangeiro".

Do ponto de vista procedimental, tanto o importador quanto o adquirente devem possuir habilitação para realizar operações de comércio exterior, nos termos da Instrução Normativa nº 1.603/2015[27].

Além disso, a cada Declaração de Importação registrada no Siscomex[28], o importador deve indicar que se trata de mercadoria importada por conta e ordem de terceiros, o que inclui a indicação do CNPJ do adquirente e a anexação do contrato de prestação de serviços.

A fim de que se comprove a ocorrência da importação por conta e ordem, diversos elementos devem ser levados em consideração: *(i)* existência de contrato de prestação de serviços firmado entre o adquirente e o importador; *(ii)* emissão da fatura comercial contra o adquirente; *(iii)* registros contábeis e fiscais do importador devem indicar que se trata de mercadoria de terceiros; *(iv)* emissão de nota fiscal para acompanhar a saída das mercadorias e nota fiscal de prestação de serviços[29]

---

[27] A habilitação para operar no comércio exterior também é conhecida como "Radar".
[28] O Siscomex foi instituído pelo Decreto nº 660, de 25 de setembro de 1992 e é um sistema eletrônico que integra as atividades de registro, acompanhamento e controle das operações de importação e exportação de mercadorias.
[29] O procedimento para emissão das notas fiscais pelo importador por conta e ordem é descrito no artigo 7º da IN nº 1.861/2018:
"Art. 7º Para cada operação de importação por conta e ordem de terceiro, o importador deverá emitir, observada a legislação específica:
I – nota fiscal de entrada, após o desembaraço aduaneiro, ou autorização de entrega antecipada das mercadorias, na qual deverão ser informados:
a) as quantidades e os valores unitários e totais das mercadorias, assim considerados os valores aduaneiros utilizados para base de cálculo do imposto de importação; e
b) o valor de cada tributo incidente na importação;
II – nota fiscal de saída, na data da saída das mercadorias do estabelecimento do importador por conta e ordem de terceiro ou do recinto alfandegado em que realizado o despacho aduaneiro, que terá por destinatário o adquirente de mercadoria importada por sua conta e ordem, na qual deverão ser informados:
a) as quantidades e os valores unitários e totais das mercadorias, assim considerados o preço das mercadorias, o frete, as demais despesas acessórias, o valor do serviço cobrado do adquirente de mercadoria importada por sua conta e ordem pelo importador por conta e ordem

pelo importador contra o adquirente, não havendo operação de venda de mercadorias; *(v)* financiamento da importação pelo adquirente e *(vi)* importação nos termos definidos pelo adquirente, que é quem assume o risco pela operação.

Por fim, é importante lembrar que o legislador ordinário adotou presunção de que "a operação de comércio exterior realizada mediante utilização de recursos de terceiro presume-se por conta e ordem deste"[30].

Apesar de o financiamento da operação de importação por pessoa diferente daquela do importador ser um elemento inerente à importação

---

de terceiro e o valor dos tributos incidentes na importação, exceto o Imposto sobre Produtos Industrializados (IPI) vinculado;
e
c) o IPI incidente sobre o valor da operação de saída, quando aplicável; e
III – nota fiscal de serviços, que terá por destinatário o adquirente de mercadoria importada por sua conta e ordem, na qual deverá ser informado o valor cobrado a título de contraprestação pelos serviços prestados em razão do contrato previamente firmado com o adquirente.
§ 1º A nota fiscal a que se refere o inciso II do caput:
I – não caracteriza operação de compra e venda; e
II – pode ter como destinatário qualquer dos estabelecimentos do adquirente de mercadoria importada por sua conta e ordem.
§ 2º Caso o adquirente de mercadoria importada por sua conta e ordem determine que as mercadorias sejam entregues a estabelecimento de outra pessoa, física ou jurídica, deverão ser observados os seguintes procedimentos:
I – o importador por conta e ordem de terceiro emitirá nota fiscal de saída das mercadorias para o adquirente de mercadoria importada por sua conta e ordem, nos termos do inciso II do *caput*; e
II – o adquirente de mercadoria importada por sua conta e ordem emitirá nota fiscal de saída, conforme a natureza da operação, para o novo destinatário, na qual deverão ser informados:
a) o destaque do IPI, quando aplicável;
b) a indicação, no corpo da nota fiscal, de que a mercadoria deverá sair do estabelecimento do importador por conta e ordem de terceiro ou do recinto alfandegado em que realizado o despacho aduaneiro, conforme o caso;
c) o endereço do estabelecimento do importador por conta e ordem de terceiro ou do recinto alfandegado em que realizado o despacho aduaneiro, conforme o caso, de onde sairá a mercadoria;
d) o nome empresarial e o número de inscrição no CNPJ do importador por conta e ordem de terceiro; e
e) o número da nota fiscal de saída emitida nos termos do inciso I.
§ 3º Na nota fiscal de serviços a que se refere o inciso III do caput, deverá constar o número das notas fiscais de saída das mercadorias, emitidas nos termos do inciso II do *caput*, a que corresponderem os serviços prestados".

[30] Art. 27 da Lei nº 10.637/2002.

por conta e ordem, tal elemento não deve ser considerado como presunção absoluta[31]. De fato, a denominação utilizada pelo legislador indica dois elementos mínimos necessários à configuração da importação por conta e ordem: a importação deve ocorrer, cumulativamente, por conta *e* ordem do adquirente (e não alternativamente, *i.e.*, por conta *ou* ordem). Portanto, na importação por conta *e* ordem, o adquirente financia a compra das mercadorias importadas ("por conta") *e* define as condições e objeto da importação, assumindo todo e qualquer risco da operação ("e ordem").

Portanto, a ausência de algum destes dois elementos enseja a conclusão de que a importação não ocorreu por conta e ordem de terceiros, não devendo sujeitar-se aos respectivos procedimentos aduaneiros e impactos tributários.

Nesse sentido é o entendimento de Bezerra e Uliana Jr.:

> Não se pretende negar que a prova da existência de antecipação de recursos – que é prova direta da "conta de terceiro" – autoriza a presumir, por determinação legal, que a operação também tenha sido realizada também à ordem deste.
>
> O que não pode prevalecer é o entendimento desta regra presuntiva em um caráter absoluto, que nega o direito do importador de demonstrar que, muito embora tenha recebido recursos dos seus clientes, manteve para si todo o domínio da cadeia de importação, de sorte que manteve reserva dos seus fornecedores, parâmetros de negociação e formação de preço e demais fatores determinantes da operação.
>
> [...]
>
> Isso porque é perfeitamente possível se deparar com uma operação em que o importador mantém para si todo o risco da operação (sem abrir fornecedor e condições de negociação), forma o seu preço de revenda (usualmente com margens de lucro compatível com operação comercial), porém, por especificidades do negócio (equipamentos de alto valor, por exemplo) e exige um sinal para iniciar a importação.

---

[31] BEZERRA, Eduardo Navarro; ULIANA JR, Laércio Cruz Uliana. Importação por Conta e Ordem de Terceiros: Teoria e Prática. *In:* BRITO, D. (org.). **Questões Controvertidas do Direito Aduaneiro.** São Paulo: IOB Folhamatics EBS – SAGE, 2014. p. 131.

Situação desse jaez reflete caso típico em que, mesmo diante de fatos que não denotam uma operação por conta e ordem (porque a operação, muito embora tenha sido suportada parcialmente pelo adquirente, continua sendo por conta exclusiva do importador, que mantém para si o risco da operação), a importação poderia ser objeto de perdimento com base na regra presuntiva em tela[32].

Assim, a simples antecipação de recursos ao importador de mercadoria estrangeira que age como o real interessado da operação não deve resultar necessariamente na classificação da importação como por conta e ordem de terceiros. Se comprovada a legitimidade e o interesse do importador em adquirir para si as mercadorias importadas, a importação teria ocorrido somente "por conta", e não "por ordem" de terceiro.

2.1.2. *Importação por encomenda*

A importação por encomenda é aquela em que o importador promove, em seu nome e com recursos próprios, o despacho aduaneiro de importação de mercadoria para revenda a encomendante predeterminado.

De acordo com as informações disponibilizadas no *site* da RFB:

> A importação por encomenda é aquela em que a pessoa jurídica importadora é contratada para promover, em seu nome e com recursos próprios, o despacho aduaneiro de importação de mercadoria estrangeira por ela adquirida no exterior para revenda a encomendante predeterminado (art. 3º da IN RFB nº 1.861/2018).

> Assim, como na importação por encomenda o importador adquire a mercadoria junto ao exportador no exterior, providencia sua nacionalização e a revende ao encomendante, tal operação tem, para o importador contratado, os mesmos efeitos fiscais de uma importação própria.

> Em última análise, em que pese à obrigação do importador de revender as mercadorias importadas ao encomendante predeterminado, é aquele e não este que pactua a compra internacional e deve dispor de capacidade econômica para o pagamento da importação, pela via cambial.

---

[32] BEZERRA, Eduardo Navarro; ULIANA JR, Laércio Cruz Uliana. Importação por Conta e Ordem de Terceiros: Teoria e Prática. *In*: BRITO, D. (org.). **Questões Controvertidas do Direito Aduaneiro.** São Paulo: IOB Folhamatics EBS – SAGE, 2014. p. 130.

Da mesma forma, o encomendante também deve ter capacidade econômica para adquirir, no mercado interno, as mercadorias revendidas pelo importador contratado[33].

Nos termos do artigo 3º da Instrução Normativa nº 1.861/2018:

> Art. 3º Considera-se operação de importação por encomenda aquela em que a pessoa jurídica importadora é contratada para promover, em seu nome e com recursos próprios, o despacho aduaneiro de importação de mercadoria estrangeira por ela adquirida no exterior para revenda a encomendante predeterminado.
>
> § 1º Considera-se encomendante predeterminado a pessoa jurídica que contrata o importador por encomenda referido no caput para realizar a transação comercial de compra e venda de mercadoria estrangeira a ser importada, o despacho aduaneiro de importação e a revenda ao próprio encomendante predeterminado. [...]

Portanto, diferentemente da importação por conta e ordem, em que o importador age como mero mandatário do adquirente local, o importador por encomenda é aquele que participa da negociação da compra e venda das mercadorias importadas, sendo o principal interessado na operação. Tal elemento aproxima a importação por encomenda da importação por conta própria, de modo que em ambos os casos os documentos relativos à importação serão emitidos em nome do próprio importador.

Conforme detalhado a seguir, a diferença da importação por encomenda para a importação por conta própria é a existência do encomendante predeterminado, isto é, a existência de terceiro que solicitou ao importador a aquisição das mercadorias que lhe serão posteriormente revendidas. Nesse sentido, o contrato que ampara a importação por encomenda é um contrato de compra e venda de mercadorias nacionalizadas efetuado entre o encomendante e o importador. De acordo com o parágrafo 2º do artigo 3º da Instrução Normativa nº 1.861/2018, o enco-

---

[33] BRASIL. Receita Federal do Brasil. *O que é a Importação por Encomenda*. Disponível em http://receita.economia.gov.br/orientacao/aduaneira/manuais/despacho-de-importacao/topicos-1/importacao-por-conta-e-ordem-e-importacao-por-encomenda-1/importacao-por--encomenda/o-que-e-a-importacao-por-encomenda. Acesso em: 24 abr. 2019.

mendante pode ou não participar das operações relativas à aquisição da mercadoria no exterior:

> § 2º O objeto principal da relação jurídica de que trata este artigo é a transação comercial de compra e venda de mercadoria nacionalizada, mediante contrato previamente firmado entre o importador por encomenda e o encomendante predeterminado, podendo este participar ou não das operações comerciais relativas à aquisição da mercadoria no exterior.

Do ponto de vista procedimental, tanto o importador quanto o encomendante devem possuir habilitação para realizar operações de comércio exterior. Do mesmo modo que ocorre na importação por conta e ordem, a cada Declaração de Importação registrada no Siscomex, o importador deve indicar que se trata de mercadoria importada por encomenda, o que inclui a indicação do CNPJ do encomendante e a anexação do contrato firmado entre as partes[34].

---

[34] O procedimento para emissão das notas fiscais pelo importador por encomenda é descrito no artigo 8º da IN nº 1.861/2018:
Art. 8º Para cada operação de importação por encomenda, o importador por encomenda deverá emitir, observada a legislação específica:
I – nota fiscal de entrada, após o desembaraço aduaneiro das mercadorias, na qual deverão ser informados:
a) as quantidades e os valores unitários e totais das mercadorias, assim entendidos os valores aduaneiros utilizados para base de cálculo do imposto de importação; e
b) o valor de cada tributo incidente na importação;
II – nota fiscal de venda, na data da saída das mercadorias do estabelecimento do importador por encomenda ou do recinto alfandegado em que realizado o despacho aduaneiro, que terá por destinatário o encomendante predeterminado, na qual deverão ser informados:
a) as quantidades e os valores unitários e totais das mercadorias, assim entendidos o preço de venda das mercadorias ao encomendante predeterminado;
c) o IPI incidente sobre o valor da operação de saída.
§ 1º A nota fiscal a que se refere o inciso II do caput poderá ser emitida tendo como destinatário qualquer dos estabelecimentos do encomendante predeterminado.
§ 2º Caso o encomendante predeterminado determine que as mercadorias sejam entregues a estabelecimento de outra pessoa, física ou jurídica, deverão ser observados os seguintes procedimentos:
I – o importador por encomenda emitirá nota fiscal de venda das mercadorias para o encomendante predeterminado, nos termos do inciso II do caput; e
II – o encomendante predeterminado emitirá nota fiscal de saída, observada a natureza da operação, para o novo destinatário, na qual deverão ser informados:

Além disso, é importante mencionar que, nos termos do artigo 14 da Lei nº 11.281/2006, aplicam-se ao importador e ao encomendante as regras de preços de transferência previstas pela Lei nº 9.430/1996.

Em relação ao financiamento da operação de importação de encomenda, a Lei nº 11.281/2006 prevê que a importação por encomenda deve ser realizada com recursos próprios da importadora, sob pena de ser caracterizada a importação por conta e ordem de terceiros. A esse respeito, reiteramos que o mero financiamento da importação ("por conta") não implica qualificá-la como "por conta e ordem" de terceiros, uma vez que também é necessário que o adquirente das mercadorias importadas defina os termos e assuma o risco da importação ("por ordem").

A Instrução Normativa nº 1.861/2018 prevê elementos adicionais à caracterização dos "recursos próprios" do importador, que não constavam na regulamentação anterior (Instrução Normativa nº 634/2006). A redação original da Instrução Normativa previa o seguinte:

> Art. 3. [...]
>
> § 3º Considera-se recurso próprio do importador por encomenda o pagamento da obrigação, ainda que anterior à realização da operação de importação ou da efetivação da transação comercial de compra e venda.
>
> § 4º O importador por encomenda poderá solicitar prestação de garantia, inclusive mediante arras, sem descaracterizar a operação referida no *caput*.
>
> § 5º O pagamento ao fornecedor estrangeiro pela aquisição da mercadoria importada deve ser realizado exclusivamente pelo importador por encomenda. [...].

---

a) o destaque do IPI, quando aplicável;
b) a indicação, no corpo da nota fiscal, de que a mercadoria deverá sair do estabelecimento do importador por encomenda ou do recinto alfandegado em que ocorreu o despacho aduaneiro, conforme o caso;
c) o endereço do estabelecimento do importador por encomenda ou do recinto alfandegado em que ocorreu o despacho aduaneiro, conforme o caso, de onde sairá a mercadoria;
d) o nome empresarial e o número de inscrição no CNPJ do importador por encomenda; e
e) o número da nota fiscal de venda emitida nos termos do inciso I do § 2º.

Portanto, nos termos da redação original da Instrução Normativa nº 1.861/2018, para fins da caraterização da importação por encomenda, o importador *(i)* deve pagar o credor com recursos próprios, o que *(ii)* pode ser feito antes da operação de importação e *(iii)* não obsta a possibilidade de solicitação de garantia ao encomendante, inclusive mediante arras.

A nosso ver, a previsão pela possibilidade de solicitação de garantia pelo importador ao encomendante é extremamente relevante, tendo em vista que se adequa às realidades e às necessidades do mercado. Essa foi uma mudança positiva trazida pela Instrução Normativa nº 1.861/2018, tendo em vista que a ausência de previsão na legislação anterior ensejava discussões a respeito da possibilidade ou não de solicitação de garantia por parte do importador ao encomendante.

No mais das vezes, a doutrina pátria defendia a possibilidade de apresentação de garantia, mormente considerando o conceito de "encomenda". Sobre o tema, extrai-se trecho de artigo publicado por Lima:

> Com a devida vênia, a normatização promovida pela INSRF nº 634/2006 desbordou dos limites da lei e, ainda que assim não se entenda, subverteu o conceito corrente do que seja uma encomenda. Atente-se que a definição – *"a obra encomendada é considerada propriedade de quem a encomendou, não podendo ser utilizada por quem a fez, sem seu expresso consentimento"* – deixa implícito que, no mundo comum, não existe vedação a se antecipar o financiamento do negócio jurídico; pelo contrário, há claros indícios de que o encomendante promove o pagamento do preço, ou ao menos parte deste, antes de receber o produto. Ainda que seja a título de sinal ou garantia. Fere o senso comum pensar que uma pessoa encomende a outra bem de altíssimo valor, como, por exemplo, a compra de um carro de luxo, um iate, um avião, sem prestar a esta uma mínima garantia de concretização futura do negócio. [...][35].

Portanto, é absolutamente razoável considerar que, sendo a operação de importação condicionada à existência de encomendante predetermi-

---

[35] LIMA, Mônica. A Questão da Interposição de Pessoas nas Operações de Importação – Inexistência de Presunção Absoluta em Favor do Fisco. O Caso Mobilitá – Casa & Vídeo. *In:* ANAN JR., P. **Planejamento Fiscal** – Análise de Casos. São Paulo: Quartier Latin, 2013. v. III. p. 669.

nado, a solicitação de garantia visa proteger o importador de eventual arrependimento ou inadimplência do encomendante.

Contudo, a solicitação da garantia sempre foi analisada com cautela, tendo em vista o receio de que a antecipação de recursos poderia prejudicar a caracterização da importação como por encomenda. A RFB já se manifestou a respeito do tema quando da publicação da Solução de Consulta nº 124/2012 da Superintendência Regional da Receita Federal do Brasil da 9ª Região Fiscal.

De acordo com a referida Consulta, a compatibilidade entre a apresentação de garantia e a realização de importação por encomenda depende da qualificação das arras como princípio de pagamento.

A esse respeito, o artigo 417 do Código Civil (Lei nº 10.406/2002) prevê o quanto segue:

> Art. 417. Se, por ocasião da conclusão do contrato, uma parte der à outra, a título de arras, dinheiro ou outro bem móvel, deverão as arras, em caso de execução, ser restituídas ou computadas na prestação devida, se do mesmo gênero da principal.

No entendimento da RFB, nos casos em que as arras não sejam do mesmo gênero do principal, devendo ser restituídas quando da execução do contrato, não há que se falar em princípio de pagamento.

Do mesmo modo, nos casos em que o recebedor não tenha disponibilidade sobre as arras antes do pagamento ao exportador estrangeiro, também não se verifica princípio de pagamento. Tal situação ocorre nos casos de arras assecuratórias[36], que segundo a RFB são aquelas "dadas na fase dos entendimentos preliminares, servem para garantir a futura formação definitiva do contrato"[37].

Nesses casos em que a garantia não significa princípio de pagamento, a RFB entende que há presunção de que a operação de importação não

---

[36] Em relação às arras assecuratórias, a RFB defende que, para fins da presunção de que a importação ocorreu por encomenda, o que importa é que "o título de crédito dado como arras assecuratórias não seja liquidado nem cedido antes do pagamento ao exportador estrangeiro. P.ex., que a letra de câmbio, nota promissória ou cheque ainda não tenham sido pagos, descontados ou endossados quando do fechamento do câmbio".

[37] Solução de Consulta nº 124/2012 da Superintendência Regional da Receita Federal do Brasil da 9ª Região Fiscal.

foi realizada com os recursos do encomendante. Portanto, salvo prova em contrário, presume-se que a operação ocorreu por encomenda.

Por outro lado, nos demais casos (*e.g.*, quando as arras não devam ser restituídas em caso de execução do contrato), a RFB entende que há princípio de pagamento, não sendo aplicável tal presunção. De acordo com a RFB, "nestes casos, a dúvida se a importação foi feita com recursos do encomendante não é de interpretação (questão de direito), mas de prova (questão de fato, *i.e.*, que leva em conta o contexto fático do caso concreto) [...]"[38].

Portanto, apesar de a Instrução Normativa nº 1.861/2018 ter previsto a possibilidade de solicitação de arras por parte do importador, o entendimento exposto na Solução de Consulta nº 124/2012 indica que a apresentação de garantia não seria livre de questionamentos, uma vez que poderia ser exigida prova quanto ao financiamento da importação. Contudo, a nosso ver, há dois argumentos aptos a sustentar a apresentação de qualquer tipo de garantia. Primeiramente, o entendimento da Solução de Consulta nº 124/2012 sequer seria aplicável, tendo em vista que a Consulta foi emitida com base na Instrução Normativa nº 634/2006, que não previa a possibilidade de apresentação de garantia e que foi revogada pela Instrução Normativa nº 1.861/2018. Além disso, a Instrução Normativa nº 1.861/2018 não trouxe limitações a respeito do conceito e natureza das "arras", de modo que teria sido autorizada amplamente a possibilidade de apresentação de garantia.

O entendimento quanto à possibilidade de apresentação de garantia inclusive mediante antecipação de pagamento foi corroborado pela posterior alteração no parágrafo 3º, artigo 3º da Instrução Normativa nº 1.861/2018. Originalmente, o dispositivo definia "recursos próprios do importador por encomenda" como *"o pagamento da obrigação, ainda que anterior à realização da operação de importação ou da efetivação da transação comercial de compra e venda."*. A nova redação, trazida pela Instrução Normativa nº 1.937/2020, prevê o seguinte:

> Art. 3. [...]
>
> § 3º Consideram-se recursos próprios do importador por encomenda os valores recebidos do encomendante predeterminado a título de paga-

---

[38] Solução de Consulta nº 124/2012 da Superintendência Regional da Receita Federal do Brasil da 9ª Região Fiscal.

mento, total ou parcial, da obrigação, ainda que ocorrido antes da realização da operação de importação ou da efetivação da transação comercial de compra e venda.

Segundo nota divulgada no site da RFB[39], a Instrução Normativa nº 1.937/2020 alterou a Instrução Normativa nº 1.861/2018 "de maneira a deixá-lo mais claro e preciso, sem qualquer alteração material do disposto". Isto é, segundo a própria RFB, o dispositivo teria caráter interpretativo e, portanto, aplicar-se-ia retroativamente, nos termos do artigo 106, inciso I do Código Tributário Nacional (CTN – Lei nº 5.172. de 25 de outubro de 1966)[40]. A nota esclarece ainda que:

> O novo texto prevê de forma expressa ser possível o encomendante predeterminado realizar pagamentos referente à revenda da mercadoria estrangeira ao importador por encomenda, seja total ou parcial, antes ou depois de qualquer etapa intermediária da operação, sem descaracterizar uma operação por encomenda.

Portanto, a nova redação legislativa prevê expressamente que o encomendante pode adiantar ao importador os recursos relacionados à operação de revenda da mercadoria, ainda que anteriormente à operação de importação. A princípio, trata-se de um avanço da legislação, uma vez que extingue qualquer dúvida quanto à abrangência da garantia que poderia ser apresentada pelo encomendante ao importador[41].

Contudo, há de se reconhecer que esse "novo" conceito de "recursos próprios" do importador por encomenda provavelmente não eliminará as discussões a respeito da classificação (ou desclassificação) da importação por encomenda, que geralmente fundamentam a infração co-

---

[39] BRASIL. Receita Federal do Brasil. Alterada instrução normativa que trata sobre importações por encomenda e por conta e ordem de terceiros. Disponível em http://receita.economia.gov.br/noticias/ascom/2020/abril/alterada-instrucao-normativa-que-trata-sobre-importacoes-por-encomenda-e-por-conta-e-ordem-de-terceiros. Acesso em: 01 jul. 2020.

[40] "Art. 106. A lei aplica-se a ato ou fato pretérito:
I – em qualquer caso, quando seja expressamente interpretativa, excluída a aplicação de penalidade à infração dos dispositivos interpretados;"

[41] ARAÚJO, Carlos. Importação por encomenda: o que mudou (para melhor). **Comex Blog**. Disponível em: https://www.comexblog.com.br/importacao/importacao-por-encomenda-o-que-mudou-para-melhor/. Acesso em: 01 jul. 2020.

nhecida como interposição fraudulenta de terceiros, que será analisada a seguir. Isso porque, o que a redação atual do art. 3º, parágrafo 3º da Instrução Normativa nº 1.861/2018 permite é que o encomendante antecipe recursos ao importador relacionados à revenda, e não à importação da mercadoria. Nesse sentido, o parágrafo 5º do mesmo dispositivo prevê que o pagamento da importação "deve ser realizado exclusivamente pelo importador da encomenda". Desse modo, o importador por encomenda continua sendo aquele responsável pelo financiamento da importação, sendo que ao encomendante foi autorizado apenas antecipar recursos referentes à transferência de domínio da mercadoria ocorrida localmente (e não à operação de importação).

Assim, como exigir do importador por encomenda comprovação de que os recursos por ele utilizados na importação não são aqueles que lhe foram antecipados pelo encomendante? Ora, considerando a fungibilidade do dinheiro e a máxima de que "o dinheiro não tem carimbo", chegaríamos à conclusão absurda de que o importador deveria manter duas contas bancárias, uma para recebimento dos valores antecipados pelo encomendante, outra com os fundos para utilização na operação de importação. Além de não eliminar por completo a dúvida sobre a origem dos fundos, tal exigência não seria razoável e sequer encontraria legitimidade no ordenamento jurídico, tendo em vista a liberdade negocial que deve permear as relações privadas.

Portanto, apesar do avanço legislativo decorrente do esclarecimento de que o encomendante pode antecipar recursos ao importador, resta saber como as autoridades fiscais aplicarão esse dispositivo. Até o momento da edição deste livro, a RFB não havia se manifestado em maiores detalhes a respeito do tema, de modo que ainda restam dúvidas sobre como a alteração trazida pela Instrução Normativa nº 1.937/20 influenciará as discussões sobre as importações indiretas e a interposição fraudulenta de terceiros.

Ainda em relação ao financiamento da importação por encomenda, cumpre ressaltar que a Coordenação Geral de Tributação (COSIT) da RFB emitiu a Solução de Consulta nº 129, de 27 de março de 2019, com efeito vinculante às autoridades fiscais, e que analisa a concessão de empréstimos em estrutura de importação por encomenda.

Com base na referida Solução de Consulta, depreende-se que o consulente é a instituição financeira que detém o controle de uma empresa que atua no setor de *leasing*. A empresa de *leasing* atua como encomendante em importações por encomenda realizadas por terceiros. As importadoras, a fim de obter recursos para as importações, obtiveram empréstimos da consulente, que questionou a RFB acerca do possível impacto de tal empréstimo na caracterização da importação por encomenda.

De acordo com a RFB, na importação por encomenda, o importador deve ter capacidade econômica para pagar a importação, sendo quem pactua a compra das mercadorias com o exportador. O encomendante, por sua vez, deve ter capacidade econômica para adquirir as mercadorias nacionalizadas e revendidas pelo importador.

Com base nessa premissa, e considerando que é por meio de tais empréstimos que a importadora obtém capacidade econômica para realizar as importações, a RFB entendeu que a importação pode ser caracterizada como por encomenda, independentemente do fato de o empréstimo ser concedido por empresa controladora da encomendante.

Assim dispõe a ementa da referida Solução de Consulta:

> ASSUNTO: IMPOSTO SOBRE A IMPORTAÇÃO – II
>
> IMPORTAÇÃO POR ENCOMENDA. CONCESSÃO. EMPRÉSTIMOS OU FINANCIAMENTOS. CONTROLADORA DE ENCOMENDANTE. NÃO DESCARACTERIZAÇÃO.
>
> O fato de a consulente conceder empréstimos ou financiamentos para viabilizar que empresas importadoras promovam importações por encomenda, nas quais a encomendante é empresa por ela integralmente controlada, não descaracteriza a importação por encomenda, uma vez que, nesses casos, é em decorrência de tais empréstimos/financiamentos que os importadores passam a deter capacidade econômica para o pagamento das importações com recursos próprios, requisito exigido para configurar a operação de importação por encomenda.
>
> Dispositivos Legais: Lei nº 11.281, de 20 de fevereiro de 2006; Instrução Normativa RFB nº 1.861, de 27 de dezembro de 2018.

Tal Solução de Consulta é relevante pois reconhece a legitimidade da empresa importadora em obter financiamentos externos para arcar com os custos de sua operação, sem que isso desqualifique a importação como por encomenda.

Outra novidade extremamente relevante trazida pela Instrução Normativa nº 1.861/2018 refere-se ao impacto da realização de operações de industrialização por parte da importadora na qualificação da importação por encomenda.

Nos termos do parágrafo 6º do artigo 3º da mencionada Instrução Normativa:

> "§ 6º As operações de montagem, acondicionamento ou reacondicionamento que tenham por objeto a mercadoria importada pelo importador por encomenda em território nacional não modificam a natureza da transação comercial de revenda de que trata este artigo".

A razão de existir de tal dispositivo tem íntima relação com a infração de interposição fraudulenta de terceiros nas operações de importação. Conforme será detalhado nos capítulos seguintes, um dos casos em que se verifica a ocultação do real interessado na operação de importação ocorre quando o importador por encomenda realiza (ou simula realizar) algum tipo de industrialização da mercadoria importada, de modo que a venda no mercado local não é entendida como "revenda" de mercadoria nacionalizada, mas, sim, como "venda" de mercadoria industrializada localmente.

Nesses casos, a importação que deveria ter sido declarada como "por encomenda" é tratada como importação direta, o que enseja diversos impactos, incluindo, mas não se limitando à economia tributária decorrente da quebra da cadeia do IPI e à ocultação do encomendante (que muitas vezes não possui habilitação para operar no comércio exterior e/ou que deseja blindar seu patrimônio).

A fim de coibir tais planejamentos, a RFB passou a prever que as operações de montagem, acondicionamento e reacondicionamento aplicadas sobre a mercadoria importada pelo importador não modificam a natureza de revenda ao encomendante.

Apesar do fato de que tais operações tendem a ser mais facilmente simuláveis, não demandando grandes esforços para sua execução, parece-nos que a RFB extrapolou sua competência regulatória ao incluir tal dispositivo na Instrução Normativa nº 1.861/2018.

Isso porque o Decreto nº 7.212, de 15 de junho de 2010, que regulamenta o IPI, prevê que "caracteriza industrialização qualquer operação que modifique a natureza, o funcionamento, o acabamento, a apresentação ou a finalidade do produto, ou o aperfeiçoe para consumo".

Com base em tal conceito, o legislador previu cinco modalidades distintas de industrialização, quais sejam: transformação, beneficiamento, montagem, acondicionamento ou reacondicionamento e renovação ou recondicionamento, que são assim descritas:

> Art. 4º Caracteriza industrialização qualquer operação que modifique a natureza, o funcionamento, o acabamento, a apresentação ou a finalidade do produto, ou o aperfeiçoe para consumo, tal como (Lei nº 5.172, de 1966, art. 46, parágrafo único, e Lei nº 4.502, de 1964, art. 3º, parágrafo único):
>
> I – a que, exercida sobre matérias-primas ou produtos intermediários, importe na obtenção de espécie nova (transformação);
>
> II – a que importe em modificar, aperfeiçoar ou, de qualquer forma, alterar o funcionamento, a utilização, o acabamento ou a aparência do produto (beneficiamento);
>
> III – a que consista na reunião de produtos, peças ou partes e de que resulte um novo produto ou unidade autônoma, ainda que sob a mesma classificação fiscal (montagem);
>
> IV – a que importe em alterar a apresentação do produto, pela colocação da embalagem, ainda que em substituição da original, salvo quando a embalagem colocada se destine apenas ao transporte da mercadoria (acondicionamento ou reacondicionamento); ou
>
> V – a que, exercida sobre produto usado ou parte remanescente de produto deteriorado ou inutilizado, renove ou restaure o produto para utilização (renovação ou recondicionamento).
>
> Parágrafo único. São irrelevantes, para caracterizar a operação como industrialização, o processo utilizado para obtenção do produto e a localização e condições das instalações ou equipamentos empregados".

Portanto, caso realizada quaisquer dessas operações sobre determinado produto, a operação subsequente não deve ser considerada "revenda", mas sim como venda de produção própria do estabelecimento importador.

Não havendo revenda, não há que se falar em importação por encomenda, conforme já reconhecido pela própria RFB em outra Solução de Consulta a respeito do tema:

> SOLUÇÃO DE CONSULTA Nº 9 de 31 de março de 2010
>
> ASSUNTO: IMPOSTO SOBRE A IMPORTAÇÃO – II
>
> EMENTA: IMPORTAÇÃO PARA ENCOMENDANTE PREDETERMINADO. REQUISITOS. BENS IMPORTADOS PARA INDUSTRIALIZAÇÃO. INAPLICABILIDADE. A importação de bens de produção destinados à atividade industrial do importador, ainda que adquiridos no exterior mediante especificações da pessoa jurídica a quem será vendido o produto final, está fora do campo de incidência da IN SRF nº 634/2006, cujos procedimentos de controle são aplicáveis à importação de mercadorias destinadas a revenda a encomendante predeterminado[42].

Por outro lado, a RFB já emitiu duas outras Soluções de Consulta[43] após a edição da Instrução Normativa nº 1.861/2018, no sentido de que o fato de os produtos importados serem submetidos à industrialização na modalidade acondicionamento ou recondicionamento perante a legislação do IPI *"não descaracteriza a modalidade de importação realizada por intermédio de terceiros definida, no âmbito da legislação aduaneira, como importação por encomenda."*[44].

Ora, sendo a montagem e o acondicionamento ou reacondicionamento modalidades de industrialização expressamente previstas na legislação que regulamenta a incidência do IPI, não nos parece que a RFB poderia atribuir tratamento distinto a elas por meio de Instrução Normativa, ainda que com a finalidade de combater estruturas potencialmente fraudulentas.

Portanto, com base no exposto até então, conclui-se que a importação por encomenda se caracteriza como aquela em que o importador é quem efetivamente assume os riscos e define os termos da operação de

---

[42] Solução de Consulta nº 9, de 31 de março de 2010, da Superintendência Regional da Receita Federal do Brasil da 2ª Região Fiscal.

[43] Solução de Consulta nº 156, de 15 de maio de 2019, da Coordenação Geral de Tributação e Solução de Consulta nº 192, de 10 de junho de 2019, da Coordenação Geral de Tributação.

[44] Solução de Consulta nº 156, de 15 de maio de 2019, da Coordenação Geral de Tributação.

importação, utilizando-se de recursos próprios para financiá-la. Uma vez importada para si a mercadoria, o importador a revende para encomendante predeterminado.

Por outro lado, na importação por conta e ordem de terceiros, o importador é mero prestador de serviços contratado pelo adquirente para fazer trazer as mercadorias do exterior. O real interessado na operação é o adquirente, responsável pelo financiamento ("por conta") e pela definição dos termos e condições da importação ("por ordem").

Uma vez analisados os principais elementos da importação por conta e ordem e por encomenda, passemos à análise da importação por conta própria ou direta.

2.1.3. *Importação própria*

A importação própria (ou direta) é a mais simples: trata-se da importação ocorrida entre os mesmos sujeitos que participam da compra e venda das mercadorias. Assim, o exportador (no exterior) é o vendedor da mercadoria, enquanto que, no Brasil, aquele que importa e realiza o desembaraço aduaneiro da mercadoria é o adquirente final.

A importação direta presume-se feita com os recursos do próprio importador que, uma vez proprietário da mercadoria, pode dispor dela livremente (uso e consumo, revenda, industrialização etc.).

Nas palavras de Sartori, trata-se da "modalidade de importação tradicional onde o importador deverá fechar o câmbio e proceder ao pagamento diretamente ao exportador, pagando os tributos com recursos próprios sob pena de se presumir 'importação por conta e ordem de terceiros'"[45].

Quanto aos requisitos da operação, o importador deve estar previamente habilitado a realizar operações de comércio exterior e "possuir capacidade econômica comprovada e compatível com os volumes envolvidos"[46]. Nessa operação, apenas o próprio importador constará na Declaração de Importação registrada no Siscomex.

---

[45] SARTORI, Ângela. A Importância do Planejamento Tributário e Empresarial nas Importações e o Delito da Interposição Fraudulenta de Terceiros. *In:* ANAN JR., Pedro. **Planejamento Fiscal** – Análise de Casos. São Paulo: Quartier Latin, 2013. v. III. p. 97.
[46] MOREIRA JR, Gilberto de Castro; MIGLIOLI, Maristela Ferreira. Interposição Fraudulenta de Terceiros nas Operações de Comércio Exterior. *In:* BRITO, Demes (org.). **Questões Controvertidas do Direito Aduaneiro**. São Paulo: IOB Folhamatics EBS – SAGE, 2014. p. 383.

Não obstante os diferentes aspectos de cada uma das modalidades de importação, são muitos os casos em que, mesmo que a importação tenha sido realizada de maneira totalmente legítima, a RFB questiona a sua adequação a uma ou outra modalidade.

Por exemplo, caso o importador por conta própria saiba previamente quem é o respectivo comprador da mercadoria, a RFB pode considerar que a importação ocorreu por conta e ordem de terceiros, mormente se ocorreu o adiantamento de recursos[47].

Outros elementos que podem conduzir a tal entendimento da RFB são a existência de características das mercadorias que tornariam estas destinadas necessariamente a determinada pessoa jurídica e o histórico de volume de vendas feitas a determinado cliente, que poderiam levar ao entendimento de conhecimento prévio do adquirente da mercadoria importada[48].

Contudo, como vimos, tais elementos por si só não necessariamente são suficientes para qualificar (ou desqualificar) a natureza da importação.

Outro exemplo que podemos considerar é o caso em que determinada empresa realize a importação de equipamento que será locado a terceiro no Brasil. Como há prévio conhecimento do "adquirente" da mercadoria, a RFB também pode questionar a qualificação da importação como por conta própria, sob o argumento de que se trataria de importação indireta. Contudo, tal exemplo não se coaduna com os requisitos da importação por conta e ordem ou por encomenda (uma vez que a empresa importa o bem com recurso próprio que não será revendido localmente, mas cedido em locação).

Veja que a delimitação fixa das modalidades de importação na legislação aduaneira é problemática, uma vez que são infinitos os modelos de negócio que podem ser implementados no âmbito privado, com fins absolutamente legítimos.

A questão ganha ainda mais relevância pelo fato de que a RFB tem entendido que a qualificação "incorreta" da importação pelo importador

---

[47] SARTORI, Ângela. A Importância do Planejamento Tributário e Empresarial nas Importações e o Delito da Interposição Fraudulenta de Terceiros. *In:* ANAN JR., P. **Planejamento Fiscal** – Análise de Casos. São Paulo: Quartier Latin, 2013. v. III.

[48] DOMINGO, Luiz Roberto. Infração Aduaneira sem Prática de Ilícito. *In:* BRITO, Demes. (org.). **Questões Controvertidas do Direito Aduaneiro.** São Paulo: IOB Folhamatics EBS – SAGE, 2014. p. 505.

enseja automaticamente a configuração da interposição fraudulenta de terceiros, infração sujeita à mais gravosa das multas aduaneiras, qual seja, a pena de perdimento das mercadorias. Caso as mercadorias já tenham sido vendidas ou consumidas ou não possam ser encontradas, a pena é substituída por multa equivalente ao valor aduaneiro das mercadorias.

Nesse sentido é a análise crítica de Domingo:

> A partir dessa regulamentação administrativa das modalidades de importação, a fiscalização iniciou uma caça implacável às operações realizadas por interpostas pessoas, em especial, às importações que são registradas como importações por conta própria, mas que, a critério do Fisco, deveriam ter sido realizadas por conta e ordem de terceiro ou por encomenda, haja vista o "conhecimento prévio" por parte do importador (prévio ao registro da DI) da destinação da mercadoria importada.
>
> Desta forma, ao interpretar a legislação aduaneira, o Fisco tem entendido que qualquer operação que não atenda aos requisitos formais de importação por conta e ordem ou por encomenda, automaticamente, ingressa no âmbito infracional o que acarreta a caracterização de dano ao Erário cuja sanção prevista no Decreto-lei nº 1.455/1976 é a pena de perdimento da mercadoria importada (passível de ser convertida em pena de perdimento quando a mercadoria não for localizada)[49].

Ora, se apenas com base na análise da legislação aduaneira já é possível imaginar a existência de modelos de negócio não necessariamente qualificados sob uma ou outra modalidade de importação, observa-se que a imputação da infração de interposição fraudulenta de terceiros pode mostrar-se absolutamente desarrazoada.

É o que analisaremos a seguir.

2.2. Interposição Fraudulenta de Terceiros

Uma vez fixadas as premissas a respeito das diferentes modalidades de importação, passemos à análise da infração conhecida como "interposição fraudulenta de terceiros", objeto central deste trabalho.

---

[49] DOMINGO, Luiz Roberto. Infração Aduaneira sem Prática de Ilícito. *In:* BRITO, Demes. (org.). **Questões Controvertidas do Direito Aduaneiro.** São Paulo: IOB Folhamatics EBS – SAGE, 2014. p. 501.

A infração foi inserida no ordenamento jurídico brasileiro quando da publicação da Lei nº 10.637/2002, resultado da conversão da Medida Provisória nº 66/2002. De acordo com a Exposição de Motivos da referida Medida Provisória, a criação da infração de interposição fraudulenta de terceiros ocorreu visando ao aperfeiçoamento da legislação aduaneira "no que concerne à prevenção e ao combate a fraudes"[50].

Assim, verifica-se que, ao tornar infração a interposição de terceiros nas operações de comércio exterior, o legislador teve a intenção de combater as fraudes, o que comprova a íntima relação entre a referida infração e o intuito doloso do agente. Corrobora tal constatação o contexto histórico em que editada referida norma, *i.e.*, prevenção global no combate aos ilícitos referentes às operações de comércio exterior como resultado da crescente globalização.

Atualmente, a infração conhecida como interposição fraudulenta de terceiros está prevista no artigo 23 do Decreto-lei nº 1.455/1976:

> Art. 23. Consideram-se dano ao Erário as infrações relativas às mercadorias:
>
> [...]
>
> V – estrangeiras ou nacionais, na importação ou na exportação, na hipótese de ocultação do sujeito passivo, do real vendedor, comprador ou de responsável pela operação, mediante fraude ou simulação, inclusive a interposição fraudulenta de terceiros. *(Incluído pela Lei nº 10.637, de 30.12.2002)*
>
> § 1º O dano ao erário decorrente das infrações previstas no *caput* deste artigo será punido com a pena de perdimento das mercadorias. *(Incluído pela Lei nº 10.637, de 30.12.2002)*
>
> § 2º Presume-se interposição fraudulenta na operação de comércio exterior a não comprovação da origem, disponibilidade e transferência dos recursos empregados. *(Incluído pela Lei nº 10.637, de 30.12.2002)*
>
> § 3º As infrações previstas no *caput* serão punidas com multa equivalente ao valor aduaneiro da mercadoria, na importação, ou ao preço constante da respectiva nota fiscal ou documento equivalente, na expor-

---

[50] MALAN, Pedro Sampaio. Exposição de Motivos à Medida Provisória nº 66 de 2002. 29 ago. 2002. *Site* do Planalto. Disponível em: http://www.planalto.gov.br/ccivil_03/Exm/2002/211-MF-02.htm. Acesso em: 21 abr. 2019.

tação, quando a mercadoria não for localizada, ou tiver sido consumida ou revendida, observados o rito e as competências estabelecidos no Decreto no 70.235, de 6 de março de 1972. *(Redação dada pela Lei nº 12.350, de 2010)*

§ 4º O disposto no § 3º não impede a apreensão da mercadoria nos casos previstos no inciso I ou quando for proibida sua importação, consumo ou circulação no território nacional. *(Incluído pela Lei nº 10.637, de 30.12.2002)*

No âmbito da RFB, a regulamentação do tema também demonstra o interesse do legislador em combater as fraudes no comércio exterior.

Em 2002, logo após a edição da Medida Provisória nº 66, a RFB editou duas normas visando à fiscalização e ao combate da interposição fraudulenta de terceiros no comércio exterior, quais sejam, a Portaria do Ministério da Fazenda nº 350, de 16 de outubro de 2002 (Portaria MF 350/2002) e a Instrução Normativa da Secretaria da Receita Federal nº 228, de 21 de outubro de 2002 (Instrução Normativa nº 228/2002).

Embora o objetivo do presente trabalho não seja o de analisar os procedimentos em si, é importante fazer uma breve digressão sobre o tema para melhor compreensão do contexto em que inserido o combate à interposição fraudulenta de pessoas.

Segundo o artigo 1º da Portaria MF nº 350/2002[51], a Secretaria da Receita Federal e o Banco Central do Brasil devem estabelecer procedimentos especiais de controle das operações de comércio exterior, "com vistas a coibir a ação fraudulenta de interpostas pessoas, como meio de

---

[51] Art. 1º A Secretaria da Receita Federal (SRF) e o Banco Central do Brasil (BC) estabelecerão, no âmbito de suas respectivas competências de atuação, procedimentos especiais de investigação e controle das operações de comércio exterior, com vistas a coibir a ação fraudulenta de interpostas pessoas, como meio de dificultar a identificação da origem dos recursos aplicados, ou dos responsáveis por infração contra os sistemas tributário e financeiro nacionais.
§ 1º A identificação de empresa sujeita a procedimentos especiais de investigação e controle será baseada na existência de indício de incompatibilidade entre a capacidade econômica e financeira apresentada e os valores transacionados nas operações internacionais.
§ 2º A SRF e o BC poderão adotar indicadores objetivos para a identificação dos indícios de incompatibilidade referidos no parágrafo anterior.
§ 3º Para aplicação do disposto no caput, a SRF e o BC adotarão mecanismos que garantam a necessária celeridade na troca de informações de natureza cadastral de que dispuserem.

dificultar a origem dos recursos aplicados, ou dos responsáveis por infração contra os sistemas tributários e financeiros nacionais". O parágrafo 1º deste mesmo artigo prevê que a identificação da empresa sujeita ao procedimento especial de controle será feita com base em indícios de "incompatibilidade entre a capacidade econômica e financeira apresentada e os valores transacionados nas operações internacionais".

Da leitura de tal dispositivo, observa-se que o objetivo da RFB é combater o anonimato, seja dos recursos, seja dos intervenientes das operações de comércio exterior. Sobre a relevância atribuída aos recursos utilizados na operação, Lima defende que a real preocupação do Fisco é evitar que eventuais multas e débitos tributários recaiam sobre aqueles que não possuam recursos para arcar com as dívidas:

> A importância que a legislação dá à questão da comprovação de recursos próprios para a operação de comércio exterior reside, justamente, no fato de que um importador "laranja" não dispõe de meios para arcar com suas obrigações perante o Fisco, caso este apure a falta de recolhimento decorrente de subfaturamento, erro de classificação fiscal, ou descumprimento de normas administrativas ao controle da importação. O que francamente se combate é a fraude decorrente da utilização de pessoas sem recursos, muitas das vezes fantasmas, que possam ceder o nome para encobrir verdadeiros importadores, cujo patrimônio ficaria a salvo de responder por qualquer dívida tributária[52].

A preocupação com a origem dos recursos permaneceu na Instrução Normativa nº 228/2002, que regulamentou o "procedimento especial de verificação de origem dos recursos aplicados e operações de comércio exterior e combate à interposição fraudulenta de pessoas" previsto na Portaria MF nº 350/2002[53].

---

[52] LIMA, Mônica. A Questão da Interposição de Pessoas nas Operações de Importação – Inexistência de Presunção Absoluta em Favor do Fisco. O Caso Mobilitá – Casa & Vídeo. *In:* ANAN JR., Pedro. **Planejamento Fiscal** – Análise de Casos. São Paulo: Quartier Latin, 2013. v. III. p. 674.

[53] Ressalte-se que a Instrução Normativa nº 228/2002 foi consistente ao manter os mesmos objetivos e indícios referente ao combate da interposição fraudulenta de terceiros previstos na Portaria MF nº 250/2002. Isto é, o procedimento especial aplica-se àqueles que apresentem "incompatibilidade entre os volumes transacionados no comércio exterior e a capacidade econômico financeira". Tal procedimento visa "identificar e coibir a ação fraudulenta de

Nos termos do artigo 4º da Instrução Normativa nº 228/2002, a empresa será intimada a comprovar as seguintes circunstâncias que, cumulativamente, ensejam a conclusão pela regularidade da operação[54]:

> Art. 4º Durante o procedimento especial de fiscalização, a empresa será intimada a comprovar as seguintes informações, no prazo de 20 (vinte) dias:
>
> I – o seu efetivo funcionamento e a condição de real adquirente ou vendedor das mercadorias, mediante o comparecimento de sócio com poder de gerência ou diretor, acompanhado da pessoa responsável pelas transações internacionais e comerciais; e
>
> II – a origem lícita, a disponibilidade e a efetiva transferência, se for o caso, dos recursos necessários à prática das operações.

Quanto ao efetivo funcionamento e à condição de real adquirente ou vendedor das mercadorias, o artigo 5º determina a apresentação de diversos documentos que comprovem a existência formal e física da empresa (*e.g.*, documentos societários e contas de luz e água), bem como a comprovação de sua efetiva participação nas transações comerciais, incluindo o conhecimento de detalhes quanto às negociações, tais como informações do fornecedor estrangeiro[55].

---

interpostas pessoas, como meio de dificultar a verificação da origem dos recursos aplicados, ou dos responsáveis por infração à legislação em vigor".

[54] Nos termos do artigo 7º, caso alguma das circunstâncias acima não seja devidamente comprovada, o desembaraço ou entrega das mercadorias importadas fica condicionada à prestação de garantia. Aqui, abra-se parênteses para mencionar que muito se discute a respeito da impropriedade da Instrução Normativa 228/2002 ao determinar a retenção das mercadorias e a apresentação de garantia até que se comprove a regularidade da operação, tendo em vista que não poderia a RFB proceder de tal maneira enquanto não comprovada a infração (sobre isso, ver BREDA, Felippe Alexandre Ramos. A Infração Aduaneira Conhecida como Interposição Fraudulenta de Terceiros. *In*: BRITO, Demes. (org.). **Questões Controvertidas do Direito Aduaneiro**. São Paulo: IOB Folhamatics EBS – SAGE, 2014. p. 357-380).

[55] "Art. 5º Para efeito do cumprimento do disposto no inciso I do caput do art. 4º as pessoas que comparecerem à SRF deverão estar munidas dos documentos:
I – de identificação pessoal;
II – de constituição da empresa e suas alterações;
III – comprobatórios de seus vínculos com a empresa;
IV – comprobatórios do funcionamento efetivo da empresa, tais como:
a) recibos de contas de energia elétrica, telefone, água;

Em relação à origem lícita, disponibilidade e transferência dos recursos, o artigo 6º admite a prova tanto de recursos próprios (*e.g.*, capital social integralizado) quanto de recursos de terceiros obtidos via contrato de financiamento ou empréstimo[56].

A interposição fraudulenta de terceiros também é objeto do procedimento especial de controle regulamentado pela Instrução Normativa

---

b) documento de arrecadação do Imposto Predial e Territorial Urbano;
c) contrato de locação ou escritura do imóvel, conforme o caso;
d) livro de registro de empregados; e
e) outros relacionados na intimação.
V – comprobatórios de efetiva participação da empresa nas transações comerciais, como cópias dos instrumentos de negociação.
Parágrafo único. Para fins de comprovar a condição de real adquirente ou vendedor das mercadorias, as pessoas que comparecerem à SRF deverão demonstrar, ainda, que possuem conhecimento dos detalhes das operações em curso e poder decisório para sua realização, bem assim relacionar os nomes das pessoas de contato junto aos fornecedores estrangeiros, indicando os respectivos números de telefone, fax ou endereço eletrônico."

[56] "Art. 6º Para efeito de cumprimento do disposto no inciso II do caput do art. 4º, além dos registros e demonstrações contábeis, poderão ser apresentados, dentre outros, elementos de prova de:
I – integralização do capital social;
II – transmissão de propriedade de bens e direitos que lhe pertenciam e do recebimento do correspondente preço;
III – financiamento de terceiros, por meio de instrumento de contrato de financiamento ou de empréstimo, contendo:
a) identificação dos participantes da operação: devedor, fornecedor, financiador, garantidor e assemelhados;
b) descrição das condições de financiamento: prazo de pagamento do principal, juros e encargos, margem adicional, valor de garantia, respectivos valores-base para cálculo, e parcelas não financiadas; e
c) forma de prestação e identificação dos bens oferecidos em garantia.
§ 1º Quando a origem dos recursos for justificada mediante a apresentação de instrumento de contrato de empréstimo firmado com pessoa física ou com pessoa jurídica que não tenha essa atividade como objeto societário, o provedor dos recursos também deverá justificar a sua origem, disponibilidade e, se for o caso, efetiva transferência.
§ 2º Os elementos de prova referentes a transações financeiras deverão estar em conformidade com as práticas comerciais.
§ 3º No caso de comprovação baseada em recursos provenientes do exterior, além dos elementos de prova previstos no caput, deverá ser apresentada cópia do respectivo contrato de câmbio.
§ 4º Na hipótese do § 3º, caso o remetente dos recursos seja pessoa jurídica, deverão ser também identificados os integrantes de seus quadros societário e gerencial."

da RFB nº 1.169 de 29 de junho de 2011, que prevê tal procedimento nos casos de "importação ou exportação de bens ou mercadorias sobre a qual recaia suspeita de irregularidade punível com a pena de perdimento".

Especificamente em relação à interposição fraudulenta de terceiros, consideram-se como indícios de irregularidade a incompatibilidade entre as operações e as instalações físicas, capacidade operacional, patrimônio e capacidade econômico-financeira do importador; ausência de histórico de operações; opção por despacho aduaneiro em localidade menos vantajosa ao interveniente, considerando por exemplo questões logísticas, entre outros elementos[57].

Assim, verifica-se que as normas editadas pela RFB elencam certos indícios que, se verificados no caso concreto, permitem às autoridades aduaneiras procederem à investigação quanto à ocorrência da interposição fraudulenta de terceiros nas operações de comércio exterior. Contudo, para que se configure efetivamente tal infração e sejam aplicadas

---

[57] Nos termos do artigo 2º da Instrução Normativa nº 1.169/2011:
"Art. 2º As situações de irregularidade mencionadas no art. 1º compreendem, entre outras hipóteses, os casos de suspeita quanto à:
[...]
IV – ocultação do sujeito passivo, do real vendedor, comprador ou de responsável pela operação, mediante fraude ou simulação, inclusive a interposição fraudulenta de terceiro;
[...]
§ 3º *Na caracterização das hipóteses dos incisos IV e V do caput*, a autoridade fiscal aduaneira poderá considerar, entre outros, os seguintes fatos:
I – importação ou exportação de mercadorias em volumes ou valores incompatíveis com as instalações físicas, a capacidade operacional, o patrimônio, os rendimentos, ou com a capacidade econômico-financeira do importador, adquirente ou exportador, conforme o caso;
II – ausência de histórico de operações do sujeito passivo na unidade de despacho;
III – opção questionável por determinada unidade de despacho, em detrimento de outras que, teoricamente, apresentariam maiores vantagens ao interveniente, tendo em vista a localização do seu domicílio fiscal, o trajeto e o meio de transporte utilizados ou a logística da operação;
IV – existência de endosso no conhecimento de carga, ressalvada a hipótese de endosso bancário;
V – conhecimento de carga consignado ao portador;
VI – ausência de fatura comercial ou sua apresentação sem a devida assinatura, identificação do signatário e endereço completo do vendedor;
VII – aquisição de mercadoria de fornecedor não fabricante:
a) sediado em país considerado paraíso fiscal ou zona franca internacional;
b) cujo endereço exclusivo seja do tipo caixa postal; ou
c) que apresente qualquer evidência de tratar-se de empresa de fachada".

as respectivas penalidades (as quais também serão objeto de estudo do presente trabalho), não bastam meros indícios: deve haver provas contundentes da infração e de todos os elementos necessários à sua configuração.

Os requisitos, o ônus da prova e as penalidades aplicáveis dependem das circunstâncias do caso específico. Por esse motivo, passemos à análise das duas principais "modalidades" da infração[58].

2.2.1. *Modalidade comprovada*

Nos termos do artigo 23 do Decreto-lei nº 1.455/1976, consideram-se dano ao erário as infrações relativas às mercadorias "estrangeiras ou nacionais, na importação ou na exportação, na hipótese de ocultação do sujeito passivo, do real vendedor, comprador ou de responsável pela operação, mediante fraude ou simulação, inclusive a interposição fraudulenta de terceiros".

Os parágrafos 1º e 3º do referido dispositivo preveem a aplicação da pena de perdimento, substituída pela multa equivalente ao valor aduaneiro da mercadoria quando esta não for localizada, ou tiver sido consumida ou revendida.

Com base na leitura de tal dispositivo, depreende-se que a interposição fraudulenta de terceiros é *(i)* uma espécie de ocultação do sujeito passivo, do real vendedor, comprador ou do responsável pela operação, seja na *(ii)* importação ou exportação de mercadorias, *(iii)* ocorrida "mediante fraude ou simulação".

Inicialmente, esclareça-se que a infração da interposição fraudulenta exige que haja um terceiro oculto na operação que, como regra geral, deve ser devidamente identificado pelas autoridades em procedimento de fiscalização (*i.e.*, "modalidade comprovada").

Em outras palavras, deve a autoridade aduaneira comprovar que a operação de comércio exterior realizada não reflete a realidade, posto que há um terceiro agente oculto na operação, que não se confunde com o sujeito passivo, vendedor, comprador ou responsável informado para fins aduaneiros.

---

[58] Esclareça-se desde já o reconhecimento das críticas à adoção do termo "modalidades" para definir os tipos de interposição fraudulenta. Contudo, para fins de melhor compreensão do assunto, optou a autora por adotar tal termo que, conforme será detalhado, influencia diversos aspectos atinentes à configuração e à penalização da infração.

Segundo Navarro[59], o terceiro oculto não deve se confundir com qualquer dos agentes na operação, de modo que deve se referir necessariamente à pessoa diversa do real interessado, não se admitindo a equiparação de tal conceito com o de estabelecimento. Assim, o autor entende que a interposição de um estabelecimento de uma mesma pessoa jurídica na operação de comércio exterior não configuraria a infração de interposição fraudulenta de terceiros, não obstante o princípio da autonomia dos estabelecimentos para fins de ICMS.

Conforme será verificado a seguir, a autoridade aduaneira apenas é dispensada de identificar o terceiro oculto quando não comprovada a origem, disponibilidade e transferência dos recursos empregados (a chamada modalidade "presumida").

Portanto, caso haja prova da origem, disponibilidade e transferência dos recursos empregados na operação, a autoridade aduaneira deve necessariamente identificar o agente oculto da operação.

Mas não é só. Conforme previsto expressamente pelo inciso V do artigo 23 do Decreto-lei nº 1.455/1976, a interposição fraudulenta de terceiros deve ocorrer "mediante fraude ou simulação".

Aqui cabe um breve parêntese a respeito das infrações em matéria aduaneira e tributária.

Nos termos do artigo 136 do Código Tributário Nacional[60] e do parágrafo único do artigo 673 do Regulamento Aduaneiro (Decreto nº 6.759, de 5 de fevereiro de 2009)[61], a infração tributária e aduaneira indepen-

---

[59] NAVARRO, Carlos Eduardo. **Ocultação do Sujeito Passivo na Importação Mediante Interposição Fraudulenta de Terceiro**. 2016. p. 27. 71 f. Dissertação (mestrado em Direito Tributário) – Escola de Direito de São Paulo da Fundação Getulio Vargas. São Paulo. Disponível em: https://bibliotecadigital.fgv.br/dspace/bitstream/handle/10438/17401/NAVARRO%20-% 2031.10.pdf?sequence=5&isAllowed=y. Acesso em: 06 fev. 2019.

[60] "Art. 136. Salvo disposição de lei em contrário, a responsabilidade por infrações da legislação tributária independe da intenção do agente ou do responsável e da efetividade, natureza e extensão dos efeitos do ato".

[61] "Art. 673. Constitui infração toda ação ou omissão, voluntária ou involuntária, que importe inobservância, por parte de pessoa física ou jurídica, de norma estabelecida ou disciplinada neste Decreto ou em ato administrativo de caráter normativo destinado a completá-lo (Decreto-lei nº 37, de 1966, art. 94, *caput*)".
Parágrafo único. Salvo disposição expressa em contrário, a responsabilidade por infração independe da intenção do agente ou do responsável e da efetividade, da natureza e da extensão dos efeitos do ato (Decreto-lei nº 37, de 1966, art. 94, § 2º)".

de da intenção do agente ou do responsável, salvo disposição expressa em contrário. Portanto, a infração tributária e aduaneira possui caráter objetivo, sendo irrelevante a análise comportamental do sujeito que as praticou, salvo quando a legislação dispuser de maneira diversa.

De fato, tem-se que a infração aduaneira de interposição fraudulenta de terceiros refere-se justamente à exceção prevista pela legislação tributária e aduaneira a respeito da natureza das infrações que, como regra geral, são objetivas. Isso porque, trata-se de hipótese em que há expressa disposição legal em contrário: nos termos do artigo 23 do Decreto-lei nº 1.455/1976, considera-se dano ao erário a ocultação dos agentes envolvidos na operação, inclusive a interposição fraudulenta de terceiros "mediante fraude ou simulação".

Observa-se que a intenção do legislador foi punir a ocultação de agentes na operação de comércio exterior, inclusive a interposição fraudulenta de terceiros praticada por meio de fraude ou simulação. *Contrario sensu*, não se busca punir a interposição legítima ou até mesmo culposa, uma vez que nestes casos resta ausente o elemento subjetivo fraudulento ou simulado eleito pelo legislador como requisito à configuração da infração.

Tal argumento ganha força quando consideramos a potencial repercussão criminal de tal infração aduaneira. Nesse sentido são as lições de Breda, ao tratar da subjetividade da infração aduaneira do descaminho:

> Quer-se dizer: a infração fiscal e nesta inseridas as infrações aduaneiro-tributárias, ainda que genericamente objetivas, como regra, contemplam temperamentos, ao que a indagação da vontade do agente (dolo subjetivo) ganha espaço, e a regra da objetividade cede, *ex vi* do art. 112 e 108, § 2º (equidade), do CTN, ainda mais ao se discorrer sobre fato fiscal com implicância ao Direito Penal, a inculpação da prática de Descaminho[62].

O mesmo raciocínio deve-se aplicar à interposição fraudulenta de terceiros. De fato, tanto a Instrução Normativa nº 224/2002 quanto a

---

[62] BREDA, Felippe Alexandre Ramos. O Descaminho Enquanto Infração Aduaneira de Natureza Fiscal. *In*: BRITO, Demes. (org.). **Temas Atuais do Direito Aduaneiro Brasil e Notas sobre o Direito Internacional.** São Paulo: IOB, 2012. p. 267.

Instrução Normativa nº 1.169/2011 preveem que os procedimentos especiais de fiscalização nela previstos podem ensejar a representação para fins penais ao Ministério Público, para que seja apurada eventual responsabilidade criminal daquele que cometeu infração nas operações de comércio exterior.

Portanto, a infração de interposição fraudulenta de terceiros é de natureza subjetiva, o que é amplamente suportado pela doutrina a respeito do tema.

Segundo Navarro[63], na interposição fraudulenta de terceiros "o sujeito passivo se oculta mediante a inclusão de um terceiro em seu lugar, com o intuito de iludir o controle aduaneiro exercido pela administração pública".

No mesmo sentido, Sartori e Domingo entendem que "a interposição fraudulenta é uma figura delituosa, que só se define e tipifica relativamente a uma intermediação comercial que vise ocultar, em artifício doloso, o real comprador ou real vendedor, ou ainda, o responsável pela operação[64]".

De maneira mais esquematizada, Moreira Jr. e Miglioli determinam que, para que se configure o ilícito da interposição fraudulenta de terceiros, é necessária a presença concomitante de três elementos: "(i) importação mediante o uso de terceiras pessoas; (ii) fraude ou simulação e (iii) a existência de um adquirente 'oculto'"[65].

Portanto, para que se configure a interposição fraudulenta de terceiros, é imprescindível que seja demonstrada, inequivocamente, a ocorrência da fraude ou da simulação.

---

[63] NAVARRO, Carlos Eduardo. **Ocultação do Sujeito Passivo na Importação Mediante Interposição Fraudulenta de Terceiro**. 2016. p. 25. 71 f. Dissertação (mestrado em Direito Tributário) – Escola de Direito de São Paulo da Fundação Getulio Vargas. São Paulo. Disponível em: https://bibliotecadigital.fgv.br/dspace/bitstream/handle/10438/17401/ NAVARRO%20-%2031.10.pdf?sequence=5&isAllowed=y. Acesso em: 06 fev. 2019.

[64] SARTORI, Ângela; DOMINGO, Luiz Roberto. Dano ao Erário pela Ocultação Mediante Fraude – A Interposição Fraudulenta de Terceiros nas Operações de Comércio Exterior. *In*: PEIXOTO, Marcelo Magalhães; SARTORI, Ângela; DOMINGO, Luiz Roberto. **Tributação Aduaneira**: à luz da jurisprudência do CARF – Conselho Administrativo de Recursos Fiscais. São Paulo: MP, 2013. p. 59.

[65] MOREIRA JR, Gilberto de Castro; MIGLIOLI, Maristela Ferreira. Interposição Fraudulenta de Terceiros nas Operações de Comércio Exterior. *In*: BRITO, Demes (org.). **Questões Controvertidas do Direito Aduaneiro**. São Paulo: IOB Folhamatics EBS – SAGE, 2014. p. 390.

Para fins da legislação tributária, o conceito de fraude é previsto no artigo 72 da Lei nº 4.502, de 30 de novembro de 1964:

> "Fraude é toda ação ou omissão dolosa tendente a impedir ou retardar, total ou parcialmente, a ocorrência do fato gerador da obrigação tributária principal, ou a excluir ou modificar as suas características essenciais, de modo a reduzir o montante do imposto devido a evitar ou diferir o seu pagamento".

Contudo, partilhamos do entendimento de Navarro[66] e Barbieri[62], no sentido de que a fraude necessária à configuração da interposição fraudulenta não necessariamente se limita ao ato doloso que vise reduzir ou diferir o pagamento do tributo (apesar de tal circunstância ser verificada em muitos casos, como aqueles em que a interposição de terceiros busca "quebrar a cadeia do IPI").

Isso porque, não é incomum que a interposição de terceiros ocorra por motivos não tributários, mas sim criminais ou regulatórios (*e.g.*, prática de evasão de divisas ou ausência da habilitação para realizar operações de comércio exterior).

Assim, a simples ação ou omissão dolosa do agente em esconder a verdade é caracterizada como fraude suficiente à configuração da infração aduaneira. Trata-se do conceito de fraude extraído de sua origem etimológica, do latim fraus (engano, mentira, ofensa) e que se funda na prática de atos que visam "burlar o comando legal usando de procedimento aparentemente lícito[68]".

---

[66] NAVARRO, Carlos Edurdo. **Ocultação do Sujeito Passivo na Importação Mediante Interposição Fraudulenta de Terceiro.** 2016. p. 22. 71 f. Dissertação (mestrado em Direito Tributário) – Escola de Direito de São Paulo da Fundação Getulio Vargas. São Paulo. Disponível em: https://bibliotecadigital.fgv.br/dspace/bitstream/handle/10438/17401/ NAVARRO%20-%2031.10.pdf?sequence=5&isAllowed=y. Acesso em: 06 fev. 2019.

[67] BARBIERI, Luís Eduardo Garrossino. Interposição Fraudulenta de Pessoas: Tipicidade da Infração e a Necessidade da Comprovação do Dolo. *In:* BRITTO, D (org.). **Questões Controvertidas do Direito Aduaneiro.** São Paulo: IOB Folhamatic EBS – SAGE, 2014. p. 423.

[68] DINIZ, Maria Helena. **Dicionário Jurídico.** São Paulo: Saraiva, 1998. p. 597. In SOUZA, Edino Cezar Franzio de. **A Fraude à Lei no Direito Tributário Brasileiro.** FISCOSOFT. Disponível em http://www.fiscosoft.com.br/main_online_frame.php?page=/index.php?PID =110238&key=2241519. Acesso em 28 abr. 2019.

Para Gonçalves, a fraude é considerada um vício social pois é exteriorizada com a intenção de prejudicar terceiros.

Considerando a hipótese da infração aduaneira ora analisada, a fraude ocorre mediante a intenção do agente oculto em se esquivar do controle aduaneiro, ocultando-se na operação de importação como real adquirente das mercadorias, por exemplo.

Em relação à simulação, o § 1º do artigo 167 do Código Civil Brasileiro prevê o seguinte:

> Art. 167 [...]
>
> § 1º Haverá simulação nos negócios jurídicos quando:
>
> I – aparentarem conferir ou transmitir direitos a pessoas diversas daquelas às quais realmente se conferem, ou transmitem;
>
> II – contiverem declaração, confissão, condição ou cláusula não verdadeira;
>
> III – os instrumentos particulares forem antedatados, ou pós-datados.
> [...]

Segundo Gonçalves, "simulação é uma declaração falsa, enganosa, da vontade, visando aparentar negócio diverso do efetivamente desejado. Ou, na definição de Clóvis, 'é uma declaração enganosa da vontade, visando produzir efeito diverso do ostensivamente indicado'"[69].

Aplicando-se o conceito à interposição fraudulenta de terceiros, verifica-se a simulação no caso em que, por exemplo, a Declaração de Importação indica que a operação é feita por conta própria, quando na verdade busca-se esconder que a importação é feita por encomenda de terceiros. Neste caso, cabe à autoridade demonstrar que não ocorreu mero erro no preenchimento da Declaração de Importação, mas sim a inserção deliberada de informação falsa que visa conferir à importação natureza diversa daquela realmente praticada.

Na grande maioria dos casos, a interposição fraudulenta é utilizada como meio para que se pratique outros ilícitos. Assim, a inserção de informações falsas nos documentos de importação geralmente é justificada por razões escusas (por exemplo, o suposto "encomendante" não

---

[69] GONÇALVES, Carlos Roberto. **Direito Civil Brasileiro**: *parte geral*. 8. ed. São Paulo: Saraiva, 2010. v. I. p. 481.

é autorizado a praticar atos de comércio exterior por ter tido sua habilitação cassada).

Segundo Navarro[70], a interposição fraudulenta ocorre pois o oculto pretende se esquivar de diversas responsabilidades decorrentes do controle aduaneiro, tais como a prática de crimes, recolhimento a menor de tributos aduaneiros e/ou internos, blindagem de patrimônio, interferência na avaliação de risco e seleção de canais de parametrização etc.

Portanto, com base nos conceitos de fraude e simulação, conclui-se que não há interposição fraudulenta de terceiros "culposa". Isto é, a ocorrência de tal ilícito depende intrinsicamente da comprovação de que um terceiro se ocultou da operação de comércio exterior "mediante fraude ou simulação", o que necessariamente envolve intuito doloso.

Nesse sentido, são valiosas as lições de Barbieri:

> O legislador, a nosso ver, prescreveu a necessidade da comprovação da conduta dolosa em caso de ocultação dos agentes envolvidos na operação. Quem comete fraude ou ato simulado o faz com manifesta intenção de enganar alguém, causando-lhe prejuízo, imbuído de má-fé.
>
> Na ocultação, alguém, dolosamente, por meio de fraude ou simulação, esconde ou encobre o verdadeiro beneficiário da transação e, na maioria das vezes, o mentor intelectual da operação. Há a deliberada intenção de causar dano ao Erário, bem como a terceiras pessoas jurídicas nos casos de concorrência desleal, pirataria ou contrafação[71].

Portanto, observa-se que não é toda e qualquer interposição nas operações de comércio exterior que será considerada fraudulenta.

De fato, a importação por conta e ordem de terceiros e a por encomenda são hipóteses legais de interposição de terceiros na importação,

---

[70] NAVARRO, Carlos Eduardo. **Ocultação do Sujeito Passivo na Importação Mediante Interposição Fraudulenta de Terceiro**. 2016. p. 38-41. 71 f. Dissertação (mestrado em Direito Tributário) – Escola de Direito de São Paulo da Fundação Getulio Vargas. São Paulo. Disponível em: https://bibliotecadigital.fgv.br/dspace/bitstream/handle/10438/17401/NAVARRO%20-%2031.10.pdf?sequence=5&isAllowed=y. Acesso em: 06 fev 2019.

[71] BARBIERI, Luís Eduardo Garrossino. Interposição Fraudulenta de Pessoas: Tipicidade da Infração e a Necessidade da Comprovação do Dolo. *In*: BRITTO, Demes (org.). **Questões Controvertidas do Direito Aduaneiro**. São Paulo: IOB Folhamatic EBS – SAGE, 2014. p. 427.

desde que observados todos os requisitos legais (inclusive a prévia habilitação do importador e do adquirente ou encomendante no Radar e a vinculação de ambos na Declaração de Importação registrada no Siscomex).

Contudo, ainda que um dos requisitos legais da importação indireta não seja observado (*e.g.*, informação do encomendante na Declaração de Importação), não necessariamente estará configurada a interposição fraudulenta de terceiros. Conforme previsão legal expressa, a infração deve ocorrer mediante fraude ou simulação, de modo que, ausente o aspecto volitivo do agente, eventual incorreção nos documentos da importação deve ser considerada como mero descumprimento de obrigação acessória, e não interposição fraudulenta de terceiros[72].

Tal constatação vai ao encontro da definição de "interposta pessoa" dada por Maria Helena Diniz e reproduzida por Luis Alberto Saavedra:

> Interposta pessoa seria aquele que comparece num dado negócio jurídico em nome próprio, mas no interesse de outrem, substituindo-o e encobrindo-o. Trata-se do presta-nome ou testa de ferro. Age em lugar do verdadeiro interessado que, por motivos não de todo lícitos, deseja ocultar sua participação num ato negocial[73].

Nesse sentido é o entendimento de Mônica Lima ao criticar a configuração da interposição fraudulenta em casos em que não se verifica o dolo do agente, mas a mera prestação de informações incorretas nos documentos:

> Pode-se vislumbrar fraude em uma atuação de testa de ferro, laranja, de alguém sem recursos para fazer frente aos direitos da Fazenda. Por outro lado, não fazer constar da DI o nome daquele a quem se vai vender

---

[72] NAVARRO, Carlos Eduardo. **Ocultação do Sujeito Passivo na Importação Mediante Interposição Fraudulenta de Terceiro**. 2016. p. 51. 71 f. Dissertação (mestrado em Direito Tributário) – Escola de Direito de São Paulo da Fundação Getulio Vargas. São Paulo. Disponível em: https://bibliotecadigital.fgv.br/dspace/bitstream/handle/10438/17401/ NAVARRO%20-%2031.10.pdf?sequence=5&isAllowed=y. Acesso em: 06 fev. 2019.

[73] SAAVEDRA, Luis Alberto. Interposição Fraudulenta – em busca de um conceito. Revista de Doutrina da 4ª Região, Porto Alegre, n. 36, jun. 2010. Disponível em: http://revistadoutrina.trf4.jus.br/index.htm?http://revistadoutrina.trf4.jus.br/artigos/edicao036/luis_saavedra. html. Acesso em: 23 fev. 2019.

o produto importado – quando não há dolo de fraudar, de esconder riqueza, de lavar dinheiro – pode consistir em descumprimento de obrigação acessória, demandando uma punição congruente com tal falta[74].

De maneira mais ampla, Sartori e Domingo também defendem que há diversos casos em que a intermediação de terceiros nas operações de comércio exterior ocorre com finalidade absolutamente legítima, não havendo que se falar na configuração da infração em virtude da ausência da fraude ou simulação:

> Ora, para que a ocultação seja considerada uma infração deve ser preenchido o elemento do tipo, fraude ou simulação.
>
> Insistimos nessa perspectiva porque no âmbito do comércio exterior há diversas modalidades de transações comerciais em que a intermediação é núcleo do negócio jurídico sem que haja fraude ou simulação. Na verdade, a ocultação de fornecedores ou clientes é "segredo comercial" que mantém o negócio; o fundo de comércio.
>
> O comércio é caracterizado há milênios pela intermediação de compra de mercadorias para revenda e muitas vezes com a necessária ocultação do fornecedor ou do cliente, de modo que uma regra de direito aduaneiro não pode simplesmente revogar a essência do ato de mercancia, salvo se comprovada a fraude ou a simulação.
>
> Podemos concluir, então, que a simples ocultação não constituirá dano ao Erário, já que em diversas circunstâncias constitui prática comercial lícita. É necessário que a ocultação seja acompanhada pela fraude e/ou simulação[75].

---

[74] LIMA, Mônica. A Questão da Interposição de Pessoas nas Operações de Importação – Inexistência de Presunção Absoluta em Favor do Fisco. O Caso Mobilitá – Casa & Vídeo. *In:* ANAN JR., P. **Planejamento Fiscal** – Análise de Casos. São Paulo: Quartier Latin, 2013. v. III. p. 673.
[75] SARTORI, Ângela; DOMINGO, Luiz Roberto. Dano ao Eraírio pela Ocultação Mediante Fraude – A Interposição Fraudulenta de Terceiros nas Operações de Comércio Exterior. *In:* PEIXOTO, Marcelo Magalhães; SARTORI, Ângela; DOMINGO, Luiz Roberto. R. **Tributação Aduaneira:** à luz da jurisprudência do CARF – Conselho Administrativo de Recursos Fiscais. São Paulo: MP, 2013. p. 60.

Nesse contexto é que são criticadas as ações da RFB de imputar a ocorrência de interposição fraudulenta quando a modalidade de importação adotada não teria sido feita em estrita observância dos requisitos legais.

Como vimos, há casos que de fato não se amoldam perfeitamente a uma ou outra modalidade, de modo que não poderia a RFB valer-se de tal circunstância para considerar a operação como fraudulenta, sem profunda análise sobre as circunstâncias do caso concreto. A uma, porque deve se ter em mente que, do ponto de vista prático, a legislação aduaneira não pode ser considerada exaustiva ao disciplinar as modalidades de importação. A duas, porque apenas haverá interposição fraudulenta quando comprovado o intuito doloso do agente, que deve praticar a interposição mediante fraude ou simulação.

Por fim, em relação à necessidade de que se verifique efetivo dano ao erário para que se configure a interposição fraudulenta de terceiros, observa-se que há muita controvérsia a respeito do assunto.

Em trabalho que envolveu o estudo estatístico da jurisprudência do CARF desenvolvido pela Fundação Getulio Vargas (FGV), dedicou-se um capítulo ao estudo da interposição fraudulenta de terceiros, sendo que um dos quesitos era justamente a necessidade de comprovação do efetivo dano ao erário para que fosse configurada a infração.

De acordo com o estudo, "a maior parte das decisões considerou desnecessária a comprovação do dano ao erário para a aplicação da penalidade em razão da interposição fraudulenta[76]".

O entendimento do CARF a respeito do tema foi recentemente consolidado pela aprovação da Súmula 160, nos seguintes termos: "A aplicação da multa substitutiva do perdimento a que se refere o § 3º do art. 23 do DL 1.455/1976 independe da comprovação de prejuízo ao recolhimento de tributos ou contribuições."

Tal posicionamento costuma ser pautado na premissa de que as hipóteses elencadas no artigo 23 do Decreto-lei nº 1.455/1976 (entre as quais encontra-se a interposição fraudulenta) configuram hipótese de presunção de dano ao erário, motivo pelo qual não haveria que se falar em verificação de sua efetiva ocorrência.

---

[76] SILVA, Daniel Souza Santiago da. Interposição Fraudulenta. *In:* SANTI, Eurico Martins de. *et al.* (org.). **Relatório Analítico de Jurisprudência do CARF.** São Paulo: FGV Direito SP e Max Limonad, 2016. p. 751.

No mesmo sentido, o artigo 673 do Regulamento Aduaneiro também prevê que a responsabilidade pela infração independe da efetividade, da natureza e da extensão dos efeitos do ato.

Aqueles que adotam tal premissa consideram que a redação do inciso V do artigo 23 do Decreto-lei nº 1.455/1976 ("ocultação do sujeito passivo, do real vendedor, comprador ou de responsável pela operação, mediante fraude ou simulação, inclusive a interposição fraudulenta de terceiros") enseja o entendimento de que o legislador considerou que a simples "ocultação" configuraria hipótese de presunção de dano ao erário, não sendo necessário prejuízo financeiro, por exemplo.

Nesse sentido, Barbieri afirma que o inciso V do artigo 23 do Decreto-lei nº 1.455/1976 "prescreve que a infração restará tipificada com a comprovação da 'ocultação' do agente, por meio fraudulento ou simulatório, não exigindo, para a sua consumação, o fim alcançado com a conduta (resultado), p.ex., o subfaturamento ou a quebra da cadeia da incidência do IPI[77]".

Moreira Jr. e Miglioli[78] corroboram esse posicionamento ao afirmarem que "o 'dano ao erário' constitui uma infração de mera conduta, e não de resultado".

Com a devida vênia, parece haver argumentos para questionar tal posicionamento, principalmente quando a acusação da interposição fraudulenta é fundamentada única e exclusivamente na falta de pagamento de tributos (e.g., falta de recolhimento do IPI). Não se questiona a substância das empresas e das operações, mas tão-somente acusa-se que o valor do tributo recolhido foi menor do de aquele entendido como correto pela RFB.

Nesses casos, parece ser possível sustentar que a infração (se ocorrida) teria sido de natureza tributária, e não aduaneira, o que ensejaria apenas a cobrança do tributo acrescido de juros e multa de ofício. Em outras palavras, não sendo a infração de ordem aduaneira, não haveria que se falar em pena de perdimento.

---

[77] BARBIERI, Luís Eduardo Garrossino. Interposição Fraudulenta de Pessoas: Tipicidade da Infração e a Necessidade da Comprovação do Dolo. *In:* BRITTO, Demes (org.). **Questões Controvertidas do Direito Aduaneiro**. São Paulo: IOB Folhamatic EBS – SAGE, 2014. p. 428.

[78] MOREIRA JR, Gilberto de Castro; MIGLIOLI, Maristela Ferreira. Interposição Fraudulenta de Terceiros nas Operações de Comércio Exterior. *In:* BRITO, Demes. (org.). **Questões Controvertidas do Direito Aduaneiro**. São Paulo: IOB Folhamatics EBS – SAGE, 2014. p. 398.

Sem prejuízo do entendimento anterior, é importante ressaltar que, ainda que se considere que o efetivo dano ao erário não é essencial à configuração da interposição fraudulenta, tal infração depende da comprovação da fraude ou da simulação como elementos da vontade dolosa do agente.

Nesse sentido é o entendimento de Sartori e Domingo ao afirmarem que, à exceção da modalidade presumida de interposição fraudulenta (a qual analisaremos a seguir), a configuração do ilícito não pode prescindir da comprovação da fraude e/ou da simulação:

> Portanto, peça acusatória do dano ao Erário depende de três elementos de fato, aos quais a fiscalização aduaneira não pode negligenciar: (i) a prova da ocultação; (ii) a prova da fraude ou da simulação e (iii) a prova do dolo, cuja demonstração de que a operação foi assim intentada com o propósito de "lesa pátria", é indicativa[79].

Portanto, ainda que se considere que a mera transgressão da legislação configuraria o dano ao erário, independentemente da comprovação da extensão do prejuízo ou da ocorrência do resultado, não pode o Fisco deixar de demonstrar o intuito doloso do agente.

Com base nas premissas acima fixadas a respeito dos requisitos para que se configure a interposição fraudulenta de terceiros, passaremos à análise de três acórdãos da Câmara Superior do Conselho Administrativo de Recursos Fiscais (CSRF)[80] que, no entendimento da autora, são relevantes por demonstrarem diferentes estruturas de importação que foram entendidas pela RFB como casos de interposição fraudulenta de terceiros.

Optou-se por não trazer ao trabalho a análise de casos clássicos de interposição fraudulenta de terceiros, em que um "laranja" age a fim de ocultar um terceiro oculto na operação de importação, que busca

---

[79] SARTORI, Ângela. A Importância do Planejamento Tributário e Empresarial nas Importações e o Delito da Interposição Fraudulenta de Terceiros. *In:* ANAN JR., Pedro. **Planejamento Fiscal** – Análise de Casos. São Paulo: Quartier Latin, 2013. v. III. p. 61.

[80] Para fins do presente estudo, foram analisados os acórdãos proferidos pela CSRF entre abril de 2015 (marco temporal entendido como posterior ao início da operação Zelotes, deflagrada em 26 de março de 2015 e que apurou um esquema de corrupção no CARF) e fevereiro de 2019, e que efetivamente analisaram o mérito da controvérsia (isto é, não foram consideradas as decisões que não tenham conhecido dos recursos ou que, caso o tenham, tiveram sua solução baseada na análise de preliminares).

esquivar-se do controle aduaneiro pelos mais escusos motivos. Não parece haver dúvidas de que uma operação nestes termos estaria absolutamente enquadrada como interposição fraudulenta, desde que comprovada a fraude e a simulação implementadas pelas partes.

Conforme será observado, os casos selecionados para análise refletem estruturas comumente adotadas por grandes empresas e que, a princípio, seriam absolutamente regulares. Contudo, tais operações têm sido desqualificadas pela RFB pelos mais diversos motivos, para que se desconsidere a importação direta para caracterizá-la como indireta (seja por encomenda, seja por conta e ordem) e se alegue a interposição fraudulenta de terceiros.

Não se pretende aqui trazer críticas ao trabalho da fiscalização, mas sim analisar, à luz da legislação aplicável, o modo pelo qual tem sido conduzida a imputação da infração objeto deste estudo. Ressalte-se que não serão analisadas as discussões a respeito das penalidades aplicáveis nos casos. Tal tema será objeto de estudo em tópico separado deste trabalho.

(i) Acórdão nº 9303-004.334[81]

No caso concreto, a empresa Clarion do Brasil Ltda. ("Clarion") realizava a importação por conta própria de produtos semiacabados destinados à indústria automotiva. A Clarion adaptava os produtos às exigências de seus clientes e os vendia à empresa MMC Automores do Brasil Ltda ("MMC").

No entender da fiscalização, a MMC era encomendante das mercadorias importadas pela Clarion, o que era comprovado pela existência de contrato de fornecimento de produtos celebrado entre ambas, que continham a programação antecipada dos fornecimentos das peças e cláusula de exclusividade. Assim, a MMC teria se ocultado da operação de importação por meio da interposição da empresa Clarion. O auto de infração foi lavrado contra a MMC e contra a Clarion (na condição de responsável solidária) para exigir a multa equivalente ao valor aduaneiro

---

[81] Conselho Administrativo de Recursos Fiscais. Acórdão nº 9303-004.334. Rel. Vanessa Marini Cecconello. 3ª Turma da Câmara Superior, j. 04.10.2016, DJ 02.01.2017. Disponível em: https://carf.fazenda.gov.br/sincon/public/pages/ConsultarJurisprudencia/listaJurisprudenciaCarf.jsf. Acesso em: 14 fev. 2019.

das mercadorias com fundamento no artigo 23, § 3º, do Decreto-lei nº 1.455/1976.

A defesa do contribuinte foi no sentido de que o contrato firmado entre a Clarion e a MMC não ensejaria a qualificação das importações como por encomenda. Em realidade, a Clarion importava produtos semiacabados que eram por ela industrializados e posteriormente vendidos à MMC.

A decisão de primeira instância do CARF[82], mantida pela CSRF, foi favorável ao contribuinte, no sentido de que não teria ocorrido a interposição fraudulenta de terceiros.

[82] Assim restou ementada a decisão da primeira instância (Acórdão nº 3402-002.362):
"ASSUNTO: REGIMES ADUANEIROS
Período de apuração: 11/09/2007 a 18/04/2012
IMPORTAÇÃO INTERPOSIÇÃO FRAUDULENTA PRINCÍPIO DA TIPICIDADE ATIPICIDADE DA CONDUTA.
O Princípio da Tipicidade exige, não só que as condutas tributáveis e as respectivas obrigações e sanções tributárias delas decorrentes, sejam prévia e exaustivamente tipificadas pela lei, mas que a tributabilidade e responsabilidade de uma conduta somente se dêem quando ocorra sua exata adequação ao tipo legal, sendo incabível o emprego de analogia ou interpretação extensiva, para a instituição ou imputação de obrigação tributária (arts. 108, § 1º e 111, inc. III do CTN), não prevista expressamente na descrição da lei tributária específica. Para a configuração das infrações previstas no art. 105, inc. XI do Decretolei nº 37/66 e art. 23, inc. V do Decretolei 1.455/76, que autorizam a aplicação da severa pena de perdimento ou da multa alternativa (art. 23, § 3º do DecretoLei nº 1.455/76), é imprescindível a comprovação do efetivo dano ao erário consubstanciado na falta de pagamento parcial dos tributos aduaneiros em razão de "artifício doloso", bem como da "ocultação" "mediante fraude ou simulação", de quaisquer dos intervenientes na importação ou exportação expressamente mencionados, sob pena de atipicidade da conduta.
IMPORTAÇÃO INTERPOSIÇÃO FRAUDULENTA RESPONSABILIDADE SUBJETIVA PRINCÍPIO DA INTRANSCENDÊNCIA DA SANÇÃO.
Tratandose de infrações dolosas legalmente conceituadas como crimes (arts. 334, § 3º e 299 do CP), a responsabilidade pela sanção administrativa é pessoal do agente (art. 137 do CTN), não podendo a sanção passar da pessoa do infrator (art. 5º, XLV da CF/88), nem transmitirse a pessoas alheias à infração ("nemo punitur pro alieno delicto"), sequer pela via transversa de suposta solidariedade em penalidade aplicada a outro infrator (art. 100 do Dec-lei nº 37/66).
IMPORTAÇÃO INTERPOSIÇÃO FRAUDULENTA MULTA APLICÁVEL AO IMPORTADOR OSTENSIVO CESSÃO DE NOME PRINCÍPIO DA ESPECIALIDADE DA SANÇÃO IMPOSSIBILIDADE DE CUMULAÇÃO. Com o advento da multa de 10% instituída pelo art. 33 da Lei nº 11.488/07, em face do princípio da especialidade da sanção, não mais se justifica a aplicação ao importador ostensivo da multa de 100% prevista no art. 23, inc. V do Decreto-lei nº 1455/76, sob pena de ilegal bis in idem»

Com base nos documentos e informações prestadas, ficou claro que não teria havido importação por encomenda, uma vez que a Clarion submetia à industrialização os produtos importados para adequá-los às especificações do contrato celebrado com a MMC (a industrialização compreendia a montagem dos produtos e a realização de testes). O fato de o contrato prever a venda programada dos produtos à MMC, isto é, o fato de a Clarion já conhecer de antemão o adquirente da mercadoria, não implicaria dizer que as importações realizadas pela Clarion seriam enquadradas, necessariamente, como importação por encomenda. Nesse sentido:

> "Depreende-se da documentação constante nos autos, terem sido os produtos autuados importados pela Clarion na forma semi-acabada e submetidos a processo de industrialização complementar em território brasileiro, para aperfeiçoamento e atendimento às especificações do contrato celebrado com a MMC Automotores do Brasil. Portanto, a Clarion vendeu para a MMC mercadorias por ela produzidas com o emprego de insumos de importação própria.
>
> Conforme entendimento da própria Receita Federal, exposto na Solução de Consulta nº 9, de 31 de março de 2010, a encomenda de mercadorias para posterior revenda, como é o caso dos autos, ainda que atendendo a especificações do encomendante, não está sujeita às regras da IN SRF 634/2006 [...]"[83]

Concordamos com o entendimento adotado pela CSRF, tendo em vista que a industrialização local dos produtos importados pela Clarion para adaptá-los às exigências da MMC, por si só, seria suficiente para descaracterizar a qualificação de importação por encomenda, uma vez que há venda de produtos nacionais com insumos importados, e não revenda dos produtos importados. Em outras palavras, a revenda pressupõe que o produto importado seja vendido no estado em que se encontra, o que não é verificado no caso de mercadorias submetidas à industrialização.

---

[83] Conselho Administrativo de Recursos Fiscais. Acórdão nº 9303-004.334. Rel. Vanessa Marini Cecconello. 3ª Turma da Câmara Superior, j. 04.10.2016, DJ 02.01.2017, p. 12. Disponível em: https://carf.fazenda.gov.br/sincon/public/pages/ConsultarJurisprudencia/listaJurisprudenciaCarf.jsf. Acesso em: 14 fev. 2019.

Contudo, conforme indicado no início desse estudo, a RFB recentemente editou a Instrução Normativa nº 1861/2018 a fim de disciplinar as importações por conta e ordem e por encomenda. Uma das inovações trazidas por tal normativo consta no § 6º do seu artigo 3º, que dispõe que "as operações de montagem, acondicionamento ou reacondicionamento que tenham por objeto a mercadoria importada pelo importador por encomenda em território nacional não modificam a natureza da transação comercial de revenda de que trata este artigo".

A nosso ver, referida Instrução Normativa extrapolou sua função regulamentar ao prever que tais operações não modificam a natureza da operação comercial de revenda, indo de encontro a prévias manifestações da própria RFB. Isso porque, conforme detalhado no início deste estudo, tais operações configuram industrialização nos termos da legislação do IPI, de modo que não pode a RFB dispensar tratamento distinto somente para que se justifique a imputação da interposição fraudulenta em casos como este ora analisado.

Sem prejuízo do entendimento errôneo do Fisco quanto à qualificação das operações de importação, tal precedente deve ser destacado pelo reconhecimento da total ausência da comprovação da fraude e da simulação nas condutas da empresa, o que implicou na impossibilidade de configuração da interposição fraudulenta:

> Não pode o fisco, diante de casos que classifica como "interposição fraudulenta", olvidar-se de produzir elementos probatórios conclusivos. Devem os elementos de prova não somente insinuar que tenha havido nas operações um prévio acordo doloso, mas comprovar as condutas imputadas, o que não se vê no presente processo.
>
> [...]
>
> Nas autuações referentes ocultação comprovada (que não se alicerçam na presunção estabelecida no § 2º do art. 23 Decreto-lei nº 1.455/1976), o ônus probatório da ocorrência de fraude ou simulação (inclusive a interposição fraudulenta) é do fisco, que deve carrear aos autos elementos que atestem a ocorrência da conduta tal qual tipificada em lei[84].

---

[84] Conselho Administrativo de Recursos Fiscais. Acórdão nº 9303-004.334. Rel. Vanessa Marini Cecconello. 3ª Turma da Câmara Superior, j. 04.10.2016, DJ 02.01.2017, p. 19. Disponível em: https://carf.fazenda.gov.br/sincon/public/pages/ConsultarJurisprudencia/listaJurisprudenciaCarf.jsf. Acesso em: 14 fev.2019.

Não só não houve prova por parte da RFB do dolo na conduta das entidades, como também eram fartos os elementos trazidos pelos contribuintes aptos a suportar a regularidade das operações (*e.g.*, prova de que a MMC adquiria peças de outros fornecedores nos mesmos termos, a habilitação da MMC à Linha Azul[85] – regime aduaneiro concedido às empresas de baixo risco – e o porte econômico-financeiro da Clarion).

Portanto, tal precedente demonstra prática corriqueiramente adotada por parte das autoridades fiscais em tema de interposição fraudulenta: por meio da qualificação (indevida) das operações de importação direta como indireta, sem que se prove a ocorrência de fraude ou simulação, é lavrado auto de infração para considerar que a importação teria ocorrido mediante a interposição de terceiros. Neste caso, contudo, bem agiu a CSRF em cancelar a exigência fiscal, em razão da ausência dos requisitos necessários à infração.

(ii) Acórdão nº 9303-006.509[86]

Analisemos outro precedente da CSRF que decorre de auto de infração lavrado pela RFB a fim de qualificar como interposição fraudulenta de terceiros a importação realizada por conta própria que, no entender das autoridades, deveria ter sido feita sob a modalidade de conta e ordem. Contudo, desta vez prevaleceu o entendimento desfavorável ao contribuinte, conforme a seguir analisado.

O caso concreto refere-se à importação direta de lentilhas realizada por empresa denominada Afil Importação e Comércio Ltda. ("Afil") e posteriormente vendidas à empresa do ramo de alimentos SMR Comércio de Gênero Alimentícios Ltda. ("SMR").

Segundo as autoridades fiscais, a SMR seria a real adquirente das mercadorias, de modo que a operação de importação pela Afil foi realizada por conta e ordem da SMR. Os indícios utilizados pela fiscalização para suportar tal entendimento seriam a suposta incapacidade econômica dos sócios da Afil para realização da importação e o suposto adiantamento de recursos para realização da importação.

---

[85] Atualmente, o regime da Linha Azul corresponde ao do Operador Econômico Autorizado.
[86] Conselho Administrativo de Recursos Fiscais. Acórdão nº 9303-006.509. Rel. Tatiana Midori Migiyama. 3ª Turma da Câmara Superior, j. 14.03.2018, DJ 23.05.2018. Disponível em: https://carf.fazenda.gov.br/sincon/public/pages/ConsultarJurisprudencia/listaJurisprudenciaCarf.jsf. Acesso em: 14 fev. 2019.

Concluiu-se pela ocorrência da interposição fraudulenta de terceiros na modalidade comprovada, tendo sido lavrado auto de infração para exigir da Afil e da SMR (na condição de responsável solidária) a multa equivalente ao valor aduaneiro das mercadorias importadas (substitutiva de perdimento) e a multa de 10% do valor da operação em razão da cessão de nome pela Afil à SMR.

De acordo com a Afil, o adiantamento dos recursos representaria antecipação do pagamento de compra no mercado interno. Além disso, a negociação da compra das mercadorias no exterior foi realizada diretamente pela Afil, não tendo havido qualquer participação da SMR.

A decisão da Delegacia da Receita Federal de Julgamento (DRJ), que havia sido favorável ao contribuinte, foi reformada pela primeira instância do CARF, que considerou ter havido a importação por conta e ordem e, portanto, a interposição fraudulenta da Afil a fim de ocultar o real adquirente das mercadorias (SMR)[87].

No âmbito da CSRF, a decisão final foi, por maioria de votos, desfavorável ao contribuinte, restando vencida a Relatora que havia proferido voto favorável à Afil. No entender da Relatora, não teria havido importação por conta e ordem de terceiros, uma vez que tal modalidade de importação pressupõe dois elementos: que a importação seja feita "por

---

[87] Assim foi ementada a decisão da primeira instância do CARF (Acórdão nº 3403-002.649):
"ASSUNTO: PROCESSO ADMINISTRATIVO FISCAL
Data do fato gerador: 24/09/2008
INTIMAÇÃO ENDEREÇADA AO ADVOGADO.
Dada a existência de determinação legal expressa em sentido contrário, indefere-se o pedido de endereçamento das intimações ao escritório do procurador.
ASSUNTO: NORMAS DE ADMINISTRAÇÃO TRIBUTÁRIA
Data do fato gerador: 24/09/2008
INTERPOSIÇÃO FRAUDULENTA. DANO AO ERÁRIO. PENA DE PERDIMENTO DA MERCADORIA. CONVERSÃO EM MULTA.
Constitui dano ao Erário a importação realizada por conta e ordem de terceiros com ocultação do sujeito passivo, do real vendedor, comprador ou de responsável pela operação, sujeita à pena de perdimento das mercadorias, convertida em multa equivalente ao valor aduaneiro, caso as mercadorias não sejam localizadas ou tenham sido consumidas.
IMPORTAÇÃO POR CONTA E ORDEM DE TERCEIRO. PRESUNÇÃO LEGAL. RECURSOS FINANCEIROS.
A operação de comércio exterior realizada com a utilização de recursos de terceiro presume-se por conta e ordem deste para fins de atribuição de responsabilidade solidária."

conta" e "por ordem" do adquirente, isto é, com seus recursos e nos termos por ele negociados com o exportador.

Em relação aos adiantamentos recebidos pela Afil, entendeu a Relatora, nos termos da decisão da DRJ, que a presunção relativa de que se trata de importação por conta e ordem nos termos do artigo 5º da Instrução Normativa nº 225/2002[88] não deveria prevalecer diante das especificidades do caso.

Conforme voto da DRJ, várias seriam as razões para o recebimento antecipado dos valores por parte da Afil (inclusive a justificativa por ela alegada seria absolutamente verossímil, qual seja, que teria recebido sinal para importação de mercadoria perecível que já estava em vias de embarque), de modo que a RFB não teria trazido aos autos qualquer elemento de prova apto a qualificar a importação como por conta e ordem, qual seja, um "segundo elemento que caracterizaria a interposição, a prova de que SMR comprou, negociou, determinou de fato as condições da importação, a prova de que SMR é o importador de fato[89]".

Chama a atenção o fato de a Relatora do Acórdão ter analisado em detalhes os documentos e a legislação atinente à interposição fraudulenta, sem se furtar da consideração quanto à dinâmica e à realidade de mercado, o que é observado pelo seguinte trecho extraído do seu voto:

> A negociação foi feita com a AFIL, sem qualquer participação dos adquirentes;
>
> Os adquirentes somente compraram as mercadorias no mercado interno, conforme notas fiscais acostadas;
>
> Os valores que a recorrente utilizou para fechamento do contrato de câmbio fechado em 20.8.08 referente a DI registrada em 24.9.08 – seriam recursos das vendas das mercadorias no mercado interno que foram pagas antecipadamente. Tratase de dinâmica de mercado observada pelas importadoras;

---

[88] "Art. 5º A operação de comércio exterior realizada mediante utilização de recursos de terceiro presume-se por conta e ordem deste, para fins de aplicação do disposto nos arts. 77 a 81 da Medida Provisória nº 2.158-35, de 24 de agosto de 2001".

[89] Conselho Administrativo de Recursos Fiscais. Acórdão nº 9303-006.509. Rel. Tatiana Midori Migiyama. 3ª Turma da Câmara Superior, j. 14.03.2018, DJ 23.05.2018, p. 16. Disponível em: https://carf.fazenda.gov.br/sincon/public/pages/ConsultarJurisprudencia/listaJurisprudenciaCarf.jsf. Acesso em: 14 fev. 2019.

[...]

O acórdão recorrido para se negar provimento utilizou a palavra trazida em recurso pela recorrente – qual seja, "ainda que se trate de adiantamento" e considerou que houve adiantamento para se fazer a importação daquelas mercadorias; não obstante, não foi isso que aconteceu, vez que a recorrente estava trazendo que é usual nesse ramo, vender produtos no mercado interno com antecipação de recursos para suprir eventual despesa e estratégia que tenham nas suas importações. Os comerciantes adotam tais práticas. Não há como se comprovar que o recurso dado pela venda das mercadorias no mercado interno equivale efetivamente e seria direcionado efetivamente para fazer a importação de determinadas mercadorias que, por sua vez, seriam entregues para quem "antecipou" o recurso; [...][90].

Tal análise é absolutamente essencial quando se trata da qualificação das modalidades de importação. Conforme detalhado no início desse estudo, não é qualquer adiantamento de recurso que implica a qualificação da importação como por conta e ordem, de modo que a presunção legal não deve ser considerada absoluta: a importação deve ser feita por conta, mas também por ordem do adquirente.

Não pode o Fisco desqualificar a operação do contribuinte com o intuito de aplicar a pena de perdimento, sem a devida prova de suas alegações. De fato, com base na leitura do acórdão, o contribuinte teria trazido elementos aptos a comprovar que era ele que detinha conhecimento e gerência sobre as importações. Além disso, é plenamente plausível o recebimento de sinal, ainda mais quando consideradas as especificidades do caso (importação de produtos perecíveis).

Desse modo, considerando que a Afil demonstrou a origem dos recursos, a Relatora entendeu que não se tratava de hipótese de interposição fraudulenta "presumida", sendo do Fisco o ônus da prova quanto à ocorrência de fraude ou simulação na ocultação do real adquirente da mercadoria.

---

[90] Conselho Administrativo de Recursos Fiscais. Acórdão nº 9303-006.509. Rel. Tatiana Midori Migiyama. 3ª Turma da Câmara Superior, j. 14.03.2018, DJ 23.05.2018, p. 19. Disponível em: https://carf.fazenda.gov.br/sincon/public/pages/ConsultarJurisprudencia/listaJurisprudenciaCarf.jsf. Acesso em: 14 fev. 2019.

Contudo, a maioria dos Conselheiros discordou do posicionamento da Relatora, concluindo pela ocorrência da interposição fraudulenta da Afil nas importações que teriam sido realizadas pela SMR.

Nos termos do voto vencedor, o argumento de que a SMR teria pago um sinal pela aquisição local das mercadorias seria "inverossímil", pois "não é possível que se admita um arras no valor quase integral da transação. Ainda mais, mesmo que isso fosse admitido, ainda assim estaria caracterizada a importação com um fim predeterminado".[91]

Ainda quanto ao financiamento das importações, o Relator rechaçou o argumento da Recorrente de que os valores não teriam sido utilizados na importação:[92]

> Por outro lado, afirmar que não utilizou o dinheiro adiantado nessa importação específica, é esforço inócuo. Como diz o jargão popular, dinheiro não tem carimbo. Não há maneiras de provar se determinado recurso foi utilizado para esse ou para aquele fim. De resto, o argumento de que teria gasto mais do que recebeu a título de adiantamentos no período não infirma a constatação de que o valor dessa importação

---

[91] Conselho Administrativo de Recursos Fiscais. Acórdão nº 9303-006.509. Rel. Tatiana Midori Migiyama. 3ª Turma da Câmara Superior, j. 14.03.2018, DJ 23.05.2018, p. 30. Disponível em: https://carf.fazenda.gov.br/sincon/public/pages/ConsultarJurisprudencia/listaJurisprudenciaCarf.jsf. Acesso em: 14 fev. 2019.

[92] Aqui cabe um breve parêntese sobre o entendimento do Relator de que seria um esforço "inócuo" a tentativa da Afil de comprovar que os valores recebidos em adiantamento não teriam sido utilizados na operação de importação. Conforme analisado no início do estudo, a Instrução Normativa nº 1.861/2018 foi alterada em 2020 para que se considere possível o adiantamento de recursos do encomendante ao importador em relação à operação de revenda, sem prejuízo da qualificação da importação como por encomenda de terceiros. Apesar dessa alteração ter sido bem recebida pelo mercado, fato é que não se sabe como a RFB exigirá a comprovação de que o importador por encomenda não utilizou os recursos recebidos em adiantamento para financiar a importação. Embora no caso da Afil discutia-se a qualificação da importação por conta e ordem, fato é que se adotado o entendimento do Relator (i.e., de que dinheiro não tem carimbo), poderá cair por terra eventual avanço da legislação. Isto é, a permissão para que o importador por encomenda receba recursos adiantados em relação à revenda pode gerar questionamentos sobre quais teriam sido os recursos utilizados na importação, prejudicando ainda mais a segurança jurídica dos intervenientes do comércio exterior.

específica foi adiantado pelo adquirente. Muito pelo contrário, a toda evidência, foi.[93]

Somaram-se a esse argumento a incompatibilidade entre o volume de importações realizados pela empresa e a capacidade econômica de seus sócios pessoas físicas e o fato de que o estabelecimento da Afil não teria condições de armazenamento das mercadorias importadas.

Com a devida vênia, os elementos trazidos no auto de infração e que suportaram o voto vencedor não nos parecem suficientes para que se considere que a importação teria ocorrido por conta e ordem e, menos ainda, que teria havido interposição fraudulenta.

Além da questão da antecipação dos recursos, a impossibilidade de comprovação de que os valores não teriam sido utilizados na importação dos recursos não nos parece fazer prova a favor do fisco, mas sim ao contribuinte.

Do mesmo modo, a incapacidade econômica dos sócios não pode ser utilizada como indício de qualquer irregularidade. O que as Instruções Normativas nº 228/2002 e nº 1.169/2011 consideram como indício de interposição fraudulenta é a incompatibilidade entre os volumes transacionados e a capacidade econômico-financeira, patrimônio e rendimentos da empresa. Sendo a figura do sócio distinta da sociedade, não há que se falar em imputação de infração tão grave quanto a interposição fraudulenta com base em elemento com tão pouco valor probante.

Por fim, não se verificou em qualquer momento provas quanto à ocorrência de fraude e/ou simulação na conduta das empresas investigadas o que, salvo melhor juízo, seria suficiente para desqualificar a acusação do fisco de interposição fraudulenta.

Portanto, a nosso ver, tal caso reflete um certo exagero da fiscalização na condução das investigações referentes ao tema, que por muitas vezes fundamentam-se em simples presunções sem a devida produção de provas.

---

[93] Conselho Administrativo de Recursos Fiscais. Acórdão nº 9303-006.509. Rel. Tatiana Midori Migiyama. 3ª Turma da Câmara Superior, j. 14.03.2018, DJ 23.05.2018, p. 31. Disponível em: https://carf.fazenda.gov.br/sincon/public/pages/ConsultarJurisprudencia/listaJurisprudenciaCarf.jsf. Acesso em: 14 fev. 2019.

(iii) Acórdão nº 9303-007.679[94]

Trata-se de precedente da CSRF que julgou procedente Recurso Especial da Fazenda Nacional para configurar a interposição fraudulenta de terceiros na importação.

No caso concreto, a operação de importação era realizada por uma *trading* ("Sertrading"), por conta e ordem da Glikimport. A Glikimport, por sua vez, revendia as mercadorias importadas à empresa chamada Oito Brasil.

Segundo as autoridades fiscais, a real adquirente das mercadorias seria a Oito Brasil, que teria criado a Glikimport apenas para atuar como adquirente na operação de importação de cosméticos por encomenda.

Tal acusação fundamenta-se nos seguintes elementos: *(i)* suposta confusão de endereços; *(ii)* semelhança entre os sócios e procuradores da Glikimport e da Oito Brasil; *(iii)* registros contábeis das empresas, que demonstram que a Oito Brasil depositava para a Glikimport valores semelhantes aos devidos pela Glikimport à Sertrading e em datas iguais ou muito próximas àquelas em que a Glikimport transferia os valores à Sertrading e *(iv)* o fato de que todas as mercadorias importadas pela Glikimport tinham como único adquirente a Oito Brasil.

Segundo a fiscalização, a criação da Glikimport visava à chamada "quebra da cadeia do IPI", tendo em vista que o IPI seria apenas recolhido pela Glikimport, na condição de encomendante, não sendo a Oito Brasil considerada equiparada a industrial.

Foi lavrado auto de infração contra a Oito Brasil e contra a Glikimport (na condição de responsável solidária) a fim de exigir a multa substitutiva de perdimento[95].

A decisão de primeira instância do CARF foi favorável ao contribuinte, no sentido de que não teria havido interposição fraudulenta, mas sim

---

[94] Conselho Administrativo de Recursos Fiscais. Acórdão nº 9303-007.679. Rel. Jorge Olmiro Lock Freire. 3ª Turma da Câmara Superior, j. 21.11.2018, DJ 11.12.2018. Disponível em: https://carf.fazenda.gov.br/sincon/public/pages/ConsultarJurisprudencia/listaJurisprudenciaCarf.jsf. Acesso em: 14 fev.2019.

[95] Pela leitura do Acórdão, observa-se que foram lavrados outros dois autos de infração a fim de exigir a multa do artigo 33 da Lei nº 11.488/2007 contra a Glikimport e a falta de recolhimento de IPI. Contudo, o processo administrativo sobre o qual versa o acórdão trata somente da pena substitutiva de perdimento.

planejamento tributário legítimo[96]. O voto do Relator pautou-se no "robusto laudo técnico" trazido pelas entidades e que demonstrou a absoluta autonomia existente entre elas e a ausência de qualquer tipo de simulação.

De forma resumida, referido laudo técnico demonstrou que as empresas não compartilhavam o mesmo endereço e que ambas possuíam estrutura física para exercer suas atividades (*i.e.*, importação e distribuição dos produtos); que a Oito Brasil adquiria produtos de outras entidades concorrentes daquelas importadas pela Glikimport; que a Glikimport possuía total condição financeira de arcar com as importações e que, diferentemente do alegado pela fiscalização, não havia financiamento pela Oito Brasil. O laudo também confirmou que havia propósito negocial na segregação das atividades entre as empresas, tendo em vista que cada uma delas tinha a expertise necessária à execução dos negócios, por meio de uma estrutura adotada no Brasil há mais de 10 anos.

Quanto à suposta fraude no recolhimento do IPI, o Relator concluiu que não há qualquer ilicitude na organização das atividades empresariais de modo a tornar mais eficiente a carga tributária, tratando-se de opção legítima do contribuinte entendida como "elisão fiscal"[97]. Com base em

---

[96] Assim foi ementada a decisão de primeira instância do CARF (Acórdão nº 3402-004.366):
"[...] INTERPOSIÇÃO FRAUDULENTA. PENA DE PERDIMENTO CONVERTIDA EM MULTA PARA O IMPORTADOR FORMAL. IMPOSSIBILIDADE. SANÇÃO MAIS ESPECÍFICA. MULTA DE 10% PELA CESSÃO DE NOME. ERRO DE DIREITO.
Na hipótese de interposição fraudulenta, a sanção a ser aplicada ao importador que formalmente aparece para o controle aduaneiro é, em razão da sua especialidade, aquela capitulada no art. 33 da lei n. 11.488/07 e não a sanção prescrita no art. 23, inciso V do Decreto-lei nº 1455/76. Erro de direito configurado.
INTERPOSIÇÃO FRAUDULENTA. PENA DE PERDIMENTO. PROVA
O vasto e elucidativo acervo probatório produzido pelos recorrentes nos autos é suficiente para demonstrar a inexistência de interposição fraudulenta comprovada no caso em espécie. Em verdade, o que existe são atividades lícitas, promovidas em compasso com as ideias de livre iniciativa privada e autonomia de vontade, sem qualquer mácula de caráter aduaneiro e/ou fiscal.
Recursos voluntários providos. Sanções aduaneiras afastadas."
[97] "Neste tópico em particular insta registrar que, apesar de acusar as recorrentes de segregar suas atividades para fim de se beneficiarem de uma incidência diminuta de IPI, em momento algum a fiscalização prova que (i) tal modelo de negócio (segregação de atividades empresariais) é incomum no âmbito do nicho empresarial das recorrentes e que (ii) haveria uma discrepância em relação às margens de lucro praticadas pelos contribuintes, em especial no caso da empresa Glikimport (importadora). Em verdade, quer parecer que a fisca-

tal entendimento, concluiu o Relator que não houve interposição fraudulenta, "mas sim operações empresariais válidas e com nítido propósito econômico, em perfeita sintonia, portanto, com o princípio constitucional da livre-iniciativa privada, o que, consequentemente, implica o cancelamento da presente autuação aduaneira[98]".

Referido entendimento, contudo, não prevaleceu na CSRF.

De acordo com o Relator, a Oito Brasil teria criado a Glikimport para ocultar-se das operações de importação e não pagar o IPI sobre a distribuição dos produtos importados no mercado interno. No entender do Relator, tal estrutura não possuiria qualquer propósito negocial, de modo que teria havido a simulação de que a Glikimport seria a real adquirente das mercadorias, a fim de se evitar dolosamente o recolhimento do IPI por parte da Oito Brasil.

Tal caso é extremamente controverso e, como não poderia deixar de ser, deve ser avaliado à luz dos elementos probatórios trazidos pela fiscalização e pelos contribuintes. Por um lado, parece a fiscalização ter ao menos tentado comprovar a existência de simulação para justificar a acusação de interposição fraudulenta na importação. Por outro lado, parece-nos que o laudo trazido pelo contribuinte efetivamente afasta as acusações, uma vez que há provas concretas da autonomia das empresas e da inexistência de atos simulados.

O caso, em realidade, parece envolver muito mais a substância do planejamento tributário adotado pelas empresas ao segregar as atividades de importação e de distribuição dos produtos de beleza no mercado

---

lização parte da equivocada e obsoleta premissa que toda e qualquer atividade empresarial deve se estruturar de modo a gerar a maior carga tributária possível, subvertendo, portanto, a ordem das coisas e ignorando, por completo, a lícita existência de medidas de elisão fiscal. Ao assim agir a fiscalização quer se arvorar de uma competência que não tem, qual seja, de pautar operações empresariais, denotando um absurdo viés ideológico próprio de ordenamentos totalitaristas".
Conselho Administrativo de Recursos Fiscais. Acórdão nº 3402-004.366. Rel. Diego Diniz Ribeiro. 4ª Câmara da 2ª Turma Ordinária, j. 30.08.2017, DJ 20.10.2017, p. 19. Disponível em: https://carf.fazenda.gov.br/sincon/public/pages/ConsultarJurisprudencia/listaJurisprudenciaCarf.jsf. Acesso em: 14 fev.2019.

[98] Conselho Administrativo de Recursos Fiscais. Acórdão nº 9303-007.679. Rel. Jorge Olmiro Lock Freire. 3 Turma da Câmara Superior, j. 21.11.2018, DJ 11.12.2018, p. 9. Disponível em: https://carf.fazenda.gov.br/sincon/public/pages/ConsultarJurisprudencia/listaJurispruden ciaCarf.jsf. Acesso em: 14 fev.2019.

interno. A justificativa da fiscalização para a configuração da interposição fraudulenta tem como razão de ser o suposto recolhimento a menor de IPI, em razão de a empresa distribuidora concentrar a margem de venda dos produtos e não ser equiparada a industrial.

A discussão acerca da liberdade de organização dos contribuintes é extensa, controversa e objeto de diversos estudos. De qualquer maneira, restando comprovada a substância e o propósito negocial da estrutura (como verificado no caso), não nos parece que o Fisco poderia desconsiderar a existência de uma pessoa jurídica a fim de considerá-la como parte de outra entidade.

Assim, com a devida vênia, este caso reflete outro exemplo de exagero na fiscalização, que desconsiderou uma operação de importação por encomenda feita nos termos da legislação, a fim de justificar um recolhimento do IPI sobre as operações de distribuição dos produtos importados no mercado local.

A nosso ver, esse seria um caso que, no pior dos cenários, deveria resultar na exigência do recolhimento da diferença do IPI, não havendo que se falar em ocorrência de interposição fraudulenta.

Conforme demonstrado ao longo deste estudo, a intenção do legislador em criar a figura da interposição fraudulenta foi o de prevenir e combater fraudes no comércio exterior. Sendo a operação de importação absolutamente regular e tendo sido demonstrada a legitimidade da estrutura adotada pelo contribuinte, não nos parece ter ocorrido no caso hipótese de fraude ou simulação aptas a justificar a acusação do fisco.

Portanto, conclui-se que a interposição fraudulenta de terceiros na modalidade comprovada requer a comprovação, por parte das autoridades fiscais, da ocorrência de fraude ou simulação, bem como da identificação do terceiro que se pretendeu ocultar. Contudo, a depender do caso concreto, o ônus da prova recai sobre o contribuinte, sob pena de configuração da infração na modalidade presumida. É o que analisaremos a seguir.

2.2.2. *Modalidade presumida*

Conforme analisado, a regra geral referente à interposição fraudulenta de terceiros atribui à RFB o ônus de comprovar que aquele que se diz interessado na operação de comércio exterior ocultou um terceiro, que é o real interessado na operação. Para tanto, é necessária a identificação deste terceiro oculto e a comprovação de que a interposição ocorreu mediante fraude ou simulação.

Contudo, excetua-se desta regra o previsto no parágrafo 2º do artigo 23 do Decreto-lei nº 1.455/1976:

> Art. 23 [...]
>
> § 2º Presume-se interposição fraudulenta na operação de comércio exterior a não comprovação da origem, disponibilidade e transferência dos recursos empregados. [...]

Da leitura do dispositivo, depreende-se que nos casos em que não comprovada a origem, disponibilidade e transferência dos recursos empregados na operação de importação ou exportação, pode a RFB presumir ocorrida a interposição fraudulenta de terceiros.

Trata-se da modalidade "presumida", que se contrapõe à modalidade "comprovada".

Por um lado, na modalidade "comprovada", a RFB deve indicar aquele que se ocultou e comprovar que a interposição ocorreu mediante fraude ou simulação. Por outro, na modalidade "presumida", basta a ausência de comprovação da origem, disponibilidade e transferência dos recursos empregados, não havendo necessidade de ser identificado aquele que se oculta (o que na realidade tende a ser impossível nos casos em que não identificada a origem dos recursos), tampouco a ocorrência de fraude ou simulação.

A justificativa para tal presunção é bem explicada por Rodrigo Luz:

> Para caracterizar a ocultação, era imprescindível apontar a pessoa que fora oculta. Em muitas situações, a fraude era "quase perfeita" e, por isso, o Fisco não conseguia identificar o adquirente oculto, apesar de sua existência ser óbvia, haja vista, por exemplo, que o importador não possuía recursos próprios para suportar as remessas realizadas ao exterior ou não conseguia comprovar que ele mesmo fizera o pagamento recebido pelo exportador estrangeiro. Para tais situações foi criada a figura da interposição fraudulenta por presunção: apesar de o adquirente não ter sido identificado, o importador passaria a ser caracterizado como interposto fraudulento pelo fato de não ter conseguido comprovar a

origem, disponibilidade e efetiva transferência dos recursos empregados no comércio exterior [...][99].

Portanto, caso o agente não possa comprovar a origem, disponibilidade e transferência dos recursos empregados na operação de comércio exterior, presume-se "a existência de um terceiro oculto que está financiando a importação e dela se beneficiando[100]".

Contudo, ressaltamos que não se trata de hipótese de presunção absoluta. Trata-se de presunção relativa (*juris tantum*), isto é, que admite prova ao contrário. Assim, cabe ao sujeito fiscalizado demonstrar fato impeditivo, modificativo ou extintivo do direito da RFB, que demonstre a inocorrência da infração aduaneira[101].

Com base na análise da legislação que trata do assunto (Instrução Normativa nº RFB 228/2002 e Lei nº 9.430/1996), depreende-se que o legislador elencou certos elementos que seriam capazes de demonstrar a origem dos recursos: *(i)* registros e demonstrações contábeis; *(ii)* integralização do capital social; *(iii)* transmissão da propriedade de bens e direitos que lhe pertenciam e o respectivo recebimento do preço; *(iv)* financiamento de terceiros, com identificação de todos os elementos e partes do contrato de financiamento ou empréstimo; *(v)* prova do regular fechamento da operação de câmbio e *(vi)* identificação do remetente dos recursos.

Observa-se, portanto, que no caso da interposição fraudulenta "presumida", há a inversão do ônus da prova apenas na extensão daquilo que se autoriza presumir. Em outras palavras, cabe ao contribuinte comprovar a "origem, disponibilidade e transferência dos recursos empregados", apenas. Uma vez comprovadas tais circunstâncias, o ônus da prova

---

[99] Luz, Rodrigo. **Comércio Internacional e Legislação Aduaneira**. 6. ed. Rio de Janeiro: Forense, 2015. p. 175.
[100] Navarro, Carlos Eduardo. **Ocultação do Sujeito Passivo na Importação Mediante Interposição Fraudulenta de Terceiro**. 2016. p. 46. 71 f. Dissertação (mestrado em Direito Tributário) – Escola de Direito de São Paulo da Fundação Getulio Vargas. São Paulo. Disponível em: https://bibliotecadigital.fgv.br/dspace/bitstream/handle/10438/17401/ NAVARRO%20-%2031.10.pdf?sequence=5&isAllowed=y. Acesso em:06 fev. 2019.
[101] Silva, Daniel Souza Santiago da. Interposição Fraudulenta. *In*: Santi, Eurico Martins de. et al. (org.). **Relatório Analítico de Jurisprudência do CARF**. São Paulo: FGV Direito SP e Max Limonad, 2016. p. 748.

volta-se à fiscalização, que deve comprovar a ocorrência da fraude e da simulação e a identificação do agente oculto.

No estudo da jurisprudência do CARF elaborado pela FGV e que analisou a infração da interposição fraudulenta, observou-se que a modalidade presumida correspondia à grande maioria das autuações. O estudo observou que os acórdãos proferidos sobre o tema se voltam exclusivamente à questão probatória, principalmente quanto à "extensão da presunção". Pedimos licença ao leitor para transcrever parte das conclusões do estudo, que corroboram o acima exposto quanto à distribuição do ônus da prova nas diferentes modalidades de interposição fraudulenta:

> Verifica-se, portanto, que grande parte das discussões travadas no CARF, em relação à aplicação da penalidade por interposição fraudulenta, está relacionada à produção de provas do fato indiciário, que autoriza a presunção de ocorrência do fato caracterizador da interposição fraudulenta.
>
> [...]
>
> Tanto na infração denominada "interposição comprovada", prevista no inciso V do art. 23 do Decreto-lei n. 1.455/1976, quanto na "interposição presumida", prevista no § 2º do art. 23 do Decreto-lei n. 1.455/1976, sempre haverá necessidade de serem juntados aos autos os elementos probantes da ocorrência do ilícito praticado, cada qual de uma forma própria. Na primeira, prova-se diretamente os fatos que demonstrem a ocultação de pessoas; na segunda, provam-se os fatos indiciários (não comprovação da origem ou disponibilidade ou transferência dos recursos).
>
> O "caminho" dos recursos financeiros utilizados na operação de comércio exterior tem grande relevância para fins de comprovação de eventuais ilícitos praticados, pois a utilização de recursos de terceiro faz presumir a operação como sendo por conta e ordem deste. Caso o fornecedor dos recursos não esteja devidamente identificado (declarado), há a interposição fraudulenta de pessoas[102].

A menção quanto ao "caminho dos recursos" utilizados na operação é de extrema relevância. De fato, apesar de o legislador ter indicado

---

[102] SILVA, D. S. Interposição Fraudulenta. In: SANTI, E. M. et al. (org.). **Relatório Analítico de Jurisprudência do CARF**. São Paulo: FGV Direito SP e Max Limonad, 2016. p. 750.

(ainda que de maneira exemplificativa) os elementos que comprovariam a origem dos recursos, observa-se que muitas vezes as provas trazidas pelos importadores não são consideradas suficientes pelos julgadores para que se afaste a presunção da interposição fraudulenta de terceiros.

Nesse sentido, a 3ª Turma da Câmara Superior de Recursos Fiscais do CARF proferiu recente decisão desfavorável ao importador que, apesar de ter apresentado diversos documentos, não teria comprovado a "origem" dos recursos utilizados nas operações de importação, mantendo a acusação da RFB quanto à ocorrência da interposição fraudulenta de terceiros[103].

No caso concreto, o importador trouxe aos autos *(i)* contratos de empréstimos firmados com instituições financeiras; *(ii)* extratos de contas correntes; *(iii)* balanço patrimonial e *(iv)* contrato de fechamento do câmbio. Tais elementos, contudo, não foram considerados suficientes pelas autoridades julgadoras (de nenhuma instância administrativa) para demonstrar a origem dos recursos, tendo em vista que alguns deles datavam de época posterior às importações questionadas e outros não indicavam a origem dos recursos em si, mas somente sua movimentação (*e.g.*, extratos).

Assim, as autoridades julgadoras entenderam que a presunção da interposição fraudulenta apenas poderia ser afastada mediante prova de que os recursos eram receitas próprias ou valores recebidos licitamente de terceiros no decorrer de suas atividades.

Observa-se que, além de documentos contábeis e societários, há necessidade da comprovação do nascedouro dos recursos, isto é, da origem dos valores que foram utilizados para o fechamento do câmbio, para a integralização do capital social e/ou para dar lastro aos lançamentos contábeis. Todavia, isto não significa dizer que há necessidade de vinculação entre tais recursos e aqueles utilizados nas operações de comércio exterior, até porque o dinheiro é bem fungível e não há que se falar em "carimbo" dos recursos.

---

[103] Conselho Administrativo de Recursos Fiscais. Acórdão nº 9303-006.690. Rel. Tatiana Midori Migiyama. 3ª Turma da Câmara Superior, j. 12.04.2018, DJ 23.05.2018. Disponível em: https://carf.fazenda.gov.br/sincon/public/pages/ConsultarJurisprudencia/listaJurisprudenciaCarf.jsf. Acesso em: 14 fev.2019.

Desse modo, a necessidade da prova quanto à obtenção dos recursos é necessária para que se comprove que a importação não foi feita com recursos de terceiros, quando tal circunstância não foi revelada às autoridades no momento da realização da operação.

Portanto, diferentemente da interposição fraudulenta comprovada em que o ônus da prova da ocorrência de fraude ou simulação e da identificação do terceiro oculto cabe à fiscalização, na modalidade presumida há inversão do ônus da prova. Contudo, é importante ter em mente dois principais aspectos relacionados à modalidade presumida: *(i)* o ônus da prova cabe ao contribuinte tão-somente no que se refere à "origem, disponibilidade e transferência dos recursos" e *(ii)* a exigência de tal comprovação deve ser feita à luz do princípio da razoabilidade, uma vez que o dinheiro é bem fungível.

2.2.3. *Penalidades*

Uma vez verificados os requisitos necessários à configuração da interposição fraudulenta de terceiros na modalidade "comprovada" e "presumida", a discussão recai sobre as penalidades aplicáveis em cada um dos casos. Para tanto, faz-se necessária uma breve digressão a respeito da evolução legislativa.

Quando da edição da Medida Provisória nº 66/2002, posteriormente convertida na Lei nº 10.637/2002, previu-se duas penalidades com vistas a punir o cometimento da infração da interposição fraudulenta de terceiros, quais sejam, a pena de perdimento das mercadorias e a de inaptidão do CNPJ.

A pena de perdimento foi inserida nos parágrafos 1º e 3º do artigo 23 do Decreto-lei nº 1.455/1976, cuja redação atual é a seguinte:

> § 1º O dano ao erário decorrente das infrações previstas no *caput* deste artigo será punido com a pena de perdimento das mercadorias. *(Incluído pela Lei nº 10.637, de 30.12.2002)*
>
> [...]
>
> § 3º As infrações previstas no *caput* serão punidas com multa equivalente ao valor aduaneiro da mercadoria, na importação, ou ao preço constante da respectiva nota fiscal ou documento equivalente, na exportação, quando a mercadoria não for localizada, ou tiver sido consumida

ou revendida, observados o rito e as competências estabelecidos no Decreto no 70.235, de 6 de março de 1972. *(Redação dada pela Lei nº 12.350, de 2010)*

Portanto, pune-se o dano ao erário (cuja uma das hipóteses é a interposição fraudulenta de terceiros) com a pena de perdimento das mercadorias, que desde 2010 é substituída pela multa equivalente ao valor aduaneiro da mercadoria nos casos em que a mercadoria não possa ser localizada ou tenha sido consumida ou revendida.

Já a pena de inaptidão do CNPJ foi inserida no artigo 81 da Lei nº 9.430 de 27 de dezembro de 1996, nos seguintes termos:

> Art. 60. O art. 81 da Lei nº 9.430, de 27 de dezembro de 1996, passa a vigorar com as seguintes alterações:
>
> "Art. 81. [...]
>
> § 1º Será também declarada inapta a inscrição da pessoa jurídica que não comprove a origem, a disponibilidade e a efetiva transferência, se for o caso, dos recursos empregados em operações de comércio exterior.
>
> § 2º Para fins do disposto no § 1º, a comprovação da origem de recursos provenientes do exterior dar-se-á mediante, cumulativamente:
>
> I – prova do regular fechamento da operação de câmbio, inclusive com a identificação da instituição financeira no exterior encarregada da remessa dos recursos para o País;
>
> II – identificação do remetente dos recursos, assim entendido como a pessoa física ou jurídica titular dos recursos remetidos.
>
> § 3º No caso de o remetente referido no inciso II do § 2º ser pessoa jurídica deverão ser também identificados os integrantes de seus quadros societário e gerencial.
>
> § 4º O disposto nos §§ 2º e 3º aplica-se, também, na hipótese de que trata o § 2º do art. 23 do Decreto-lei nº 1.455, de 7 de abril de 1976". (NR)

Portanto, previu-se que no caso de não comprovação da origem, da disponibilidade e da efetiva transferência dos recursos empregados nas operações de comércio exterior, estaria a pessoa jurídica sujeita à pena de inaptidão do CNPJ, o que resulta na impossibilidade de execução das atividades empresariais.

Posteriormente, foi publicada a Lei nº 11.488 de 15 de junho de 2007, que previu no seu artigo 33 a multa de 10% do valor da operação àquele que ceder o nome para acobertar terceiros nas operações de comércio exterior. Segundo o parágrafo único do referido dispositivo, nos casos em que aplicável tal multa por cessão do nome, não se aplica a pena de inaptidão do CNPJ, nos seguintes termos:

> Art. 33. A pessoa jurídica que ceder seu nome, inclusive mediante a disponibilização de documentos próprios, para a realização de operações de comércio exterior de terceiros com vistas no acobertamento de seus reais intervenientes ou beneficiários fica sujeita a multa de 10% (dez por cento) do valor da operação acobertada, não podendo ser inferior a R$ 5.000,00 (cinco mil reais).
>
> Parágrafo único. À hipótese prevista no *caput* deste artigo não se aplica o disposto no art. 81 da Lei no 9.430, de 27 de dezembro de 1996.

Com o advento desta nova penalidade, muito se discutiu sobre em que medida tal multa teria substituído a pena de perdimento das mercadorias, uma vez que ambas as sanções buscavam coibir a interposição fraudulenta de terceiros nas operações de comércio exterior.

Aqueles que defendem tal entendimento passaram inclusive a sustentar a retroatividade benigna de tal legislação, a fim de que se deixasse de aplicar a pena de perdimento nos casos de interposição fraudulenta ocorridos antes da edição da Lei nº 11.488/2007.

Por outro lado, fato é que a maior parte das decisões é no sentido de que as penalidades buscam coibir comportamentos distintos, de modo que a multa de 10% do valor da operação acobertada por cessão do nome poderia ser aplicada cumulativamente com a pena de perdimento. O trecho do voto vencedor no julgamento do Acórdão nº 9303-006.509, da 3ª Turma da Câmara Superior, sumariza tal entendimento:

> Desde logo, vê-se que os bens jurídicos tutelados por uma e por outra medida coercitiva não guardam nenhuma identidade entre si. Embora as duas infrações possam decorrer de um mesmo evento, a multa pela cessão do nome destina-se a coibir o uso abusivo da pessoa jurídica,

apenando conduta à qual era antes imposta a "pena" de inaptidão do CNPJ, medida que violentava os mais elementares pressupostos da ação estatal de controle da atividade privada, agindo com força desproporcional, ao impedir o particular de exercer sua atividade profissional. Por seu turno, a multa equivalente ao valor aduaneiro da mercadoria importada destina-se a coibir o ingresso de mercadoria estrangeira em situação irregular no território nacional, quando o bem, sujeito à pena de perdimento, escapa ao controle aduaneiro e é internalizado[104].

O entendimento do CARF foi definitiva e recentemente consolidado quando da aprovação da Súmula 155: "A multa prevista no art. 33 da Lei 11.488/2007 não se confunde com a pena de perdimento do art. 23, V, do DL nº 1.455/1976, o que afasta a aplicação da retroatividade benigna definida no art. 106, II, "c", do CTN."

Tal posicionamento também prevaleceu no âmbito legislativo, o que é corroborado pela inserção do parágrafo 3º no artigo 727 no Regulamento Aduaneiro, que previu que a multa de 10% por cessão de nome "não prejudica a aplicação da pena de perdimento às mercadorias na importação ou na exportação"[105].

No mesmo sentido dispõe a Instrução Normativa RFB nº 228/2002, que estabelece no artigo 11 as penalidades aplicáveis em caso de interposição fraudulenta "comprovada" (inciso I) e "presumida" (inciso II). Nota-se que a redação anterior determinava a aplicação da pena de inaptidão do CNPJ a ambos os casos, o que foi posteriormente alterado pela Instrução Normativa RFB nº 1.678, de 22 de dezembro de 2016[106]:

---

[104] Conselho Administrativo de Recursos Fiscais. Acórdão nº 9303-006.509. Rel. Tatiana Midori Migiyama. 3ª Turma da Câmara Superior, j. 14.03.2018, DJ 23.05.2018, p. 32. Disponível em: https://carf.fazenda.gov.br/sincon/public/pages/ConsultarJurisprudencia/listaJurisprudenciaCarf.jsf. Acesso em: 14 fev. 2019.

[105] Artigo 727, § 3º, com a redação dada pelo Decreto nº 7.213/2010.

[106] A Instrução Normativa RFB nº 1.678 de 22 de dezembro de 2016 alterou a redação do artigo 11 da Instrução Normativa RFB nº 228/2002, a fim de substituir o então parágrafo único (que previa que "Nas hipóteses previstas nos incisos I e II do caput, será ainda instaurado procedimento para declaração de inaptidão da inscrição da empresa no Cadastro Nacional da Pessoa Jurídica (CNPJ)), pelos três parágrafos transcritos. Os três parágrafos esclarecem as penalidades aplicáveis a cada uma das hipóteses de interposição fraudulenta.

Art. 11. Concluído o procedimento especial, aplicar-se-á a pena de perdimento das mercadorias objeto das operações correspondentes, nos termos do art. 23, V, do Decreto-lei nº 1.455, de 7 de abril de 1976, na hipótese de:

I – ocultação do verdadeiro responsável pelas operações, caso descaracterizada a condição de real adquirente ou vendedor das mercadorias;

II – interposição fraudulenta, nos termos do § 2º do art. 23 do Decreto-lei nº 1.455, de 1976, com a redação dada pela Medida Provisória nº 66, de 29 de agosto de 2002, em decorrência da não comprovação da origem, disponibilidade e transferência dos recursos empregados, inclusive na hipótese do art. 10.

§ 1º Na hipótese prevista no inciso I do *caput*, será aplicada, além da pena de perdimento das mercadorias, a multa de que trata o art. 33 da Lei nº 11.488, de 15 de junho de 2007. *(Redação dada pela Instrução Normativa RFB nº 1678, de 22 de dezembro de 2016)*

§ 2º Na hipótese prevista no inciso II do *caput*, além da aplicação da pena de perdimento das mercadorias, será instaurado procedimento para declaração de inaptidão da inscrição da empresa no Cadastro Nacional da Pessoa Jurídica (CNPJ). *(Incluído pela Instrução Normativa RFB nº 1678, de 22 de dezembro de 2016)*

§ 3º A hipótese prevista no inciso I do *caput* contempla a ocultação de encomendante predeterminado. *(Incluído pela Instrução Normativa RFB nº 1678, de 22 de dezembro de 2016)*

Portanto, observa-se que, após a edição da Lei nº 11.488/2007, a interposição fraudulenta de terceiros pode ensejar a aplicação de diferentes penalidades, a depender da "modalidade" verificada.

Em caso de interposição "comprovada", aplica-se a pena de perdimento (ou, em caso de impossibilidade de localização das mercadorias, a multa substitutiva equivalente ao valor aduaneiro destas) e a multa de 10% do valor da operação acobertada em caso de cessão do nome a terceiros.

Caso trate-se de interposição "presumida", em razão da falta de comprovação da origem, disponibilidade e transferência dos recursos empregados na operação de comércio exterior, aplica-se a pena de perdimento (ou a multa substitutiva equivalente ao valor aduaneiro das mercadorias) e a pena de inaptidão do CNPJ[107].

Sem prejuízo da definição das penalidades aplicáveis e da tese sobre a retroatividade do art. 33 da Lei nº 11.488/2007, ressalte-se que muito se discute a respeito de quem seria o sujeito passivo das sanções, *i.e.*, se o importador ostensivo e/ou o importador oculto.

Do ponto de vista prático, nota-se que na grande maioria dos casos a RFB impõe a multa por cessão do nome ao importador ostensivo, atribuindo ao importador oculto a responsabilidade solidária, e a multa por perdimento ao importador oculto, atribuindo ao ostensivo a responsabilidade solidária. Tal entendimento vem sendo corroborado pelo CARF em diversas oportunidades[108].

Em relação à modalidade "comprovada", parece claro que a multa por cessão do nome aplica-se tão somente ao importador ostensivo, pois foi ele quem praticou tal conduta com vistas a acobertar o real interessado na operação.

Em relação à aplicação da pena de perdimento, seria esta aplicável apenas ao importador oculto ou também ao ostensivo?

Sobre o tema, a RFB editou Solução de Consulta Interna COSIT nº 9, de 22 de abril de 2014, no sentido de que, na interposição fraudulenta comprovada (*i.e.*, "em que for identificado o real adquirente da mercadoria"), "tanto o importador oculto como o ostensivo podem ser qualificados como contribuintes dos tributos e penalidades incidentes na operação, exceto em relação *à* multa por cessão do nome, que *é* específica da interposta pessoa".

Contudo, não nos parece que tal entendimento seja o mais correto. A nosso ver, o objetivo do legislador ao estabelecer a pena de perdimento foi justamente atingir o patrimônio do sujeito oculto, posto que foi este quem praticou o ato de interpor terceiros com vistas a esquivar-se do controle aduaneiro.

---

[107] BREDA, Felippe Alexandre Ramos. A Infração Aduaneira Conhecida como Interposição Fraudulenta de Terceiros. . *In:* BRITO, Demes. (org.). **Questões Controvertidas do Direito Aduaneiro.** São Paulo: IOB Folhamatics EBS – SAGE, 2014. p. 370.

[108] SILVA, Daniel Souza Santiago da. Interposição Fraudulenta. *In:* SANTI, Eurico Martins de. *et al.* (org.). **Relatório Analítico de Jurisprudência do CARF.** São Paulo: FGV Direito SP e Max Limonad, 2016. p. 744-762.

De fato, há casos em que o importador ostensivo não tem conhecimento das ilicitudes praticadas pelo oculto, agindo de modo absolutamente inocente. Apesar de haver casos em que o importador ostensivo age em conluio com o oculto, a interposição de terceiros, por essência, é praticada por aquele que busca esconder-se da operação e do controle aduaneiro. Nesse sentido é o entendimento de Navarro:

> [...] a interposição fraudulenta é um *modus operandi* que, a rigor, é cometido por apenas um sujeito: aquele que se oculta mediante interposição de um terceiro. O terceiro interposto, portanto, jamais comete interposição fraudulenta. Em alguns casos o terceiro simplesmente não comete qualquer irregularidade, tendo sido tão vítima do oculto quanto a própria RFB (como se verifica, por exemplo, quando o oculto usa dados de uma pessoa sem seu consentimento, muitas vezes mediante falsificação e adulteração de documentos). [...] A partir destas premissas já é possível concluir que, se a pena de perdimento visa punir a ocultação mediante interposição fraudulenta, evidentemente ela não pode se aplicar para conduta diversa desta (e, inclusive, mais branda, que é a cessão do nome)[109].

Do mesmo modo, a aplicação cumulativa da multa de 10% por cessão do nome e a de perdimento sobre o importador ostensivo implicaria maiores sanções a este do que ao importador oculto, o que não faria sentido uma vez que foi este "que não pretendeu se apresentar ao controle administrativo das importações"[110].

Assim, parece-nos que, tratando-se de modalidade de interposição comprovada, a pena de perdimento (ou a substitutiva de perdimento) deveria recair somente sobre o importador oculto, limitando-se o importador ostensivo a arcar com a multa de 10% do valor da operação pela

---

[109] NAVARRO, Carlos Eduardo. **Ocultação do Sujeito Passivo na Importação Mediante Interposição Fraudulenta de Terceiro**. 2016. p. 50. 71 f. Dissertação (mestrado em Direito Tributário) – Escola de Direito de São Paulo da Fundação Getulio Vargas. São Paulo. Disponível em: https://bibliotecadigital.fgv.br/dspace/bitstream/handle/10438/17401/ NAVARRO%20-%2031.10.pdf?sequence=5&isAllowed=y. Acesso em: 06 fev. 2019.

[110] SILVA, Daniel Souza Santiago da. Interposição Fraudulenta. *In*: SANTI, Eurico Martins de. et al. (org.). **Relatório Analítico de Jurisprudência do CARF**. São Paulo: FGV Direito SP e Max Limonad, 2016. p. 760.

cessão do nome a terceiros. Esse também o entendimento de Samyr Naspolini:

> Ocorre que, hodiernamente, as autoridades da Receita Federal impõem a multa no valor aduaneiro cumulada com a multa de 10% em face do importador ostensivo. No entanto, aquela penalidade tem por objetivo sancionar o sujeito oculto, real adquirente e responsável pela operação, sendo indevida à interposta pessoa, porquanto que, pelo princípio da individualização da pena (incisos XLV e XLVI do artigo 5º da Constituição Federal), a punição não pode ultrapassar o limite do indivíduo que pratica a infração[111].

Nesse sentido, destacamos a Declaração de Voto da Conselheira Thais De Laurentiis Galkowicz quando do julgamento do Acórdão nº 3402-003.146:

> Ora, como destacado acima, com o advento da multa 10% do valor da operação pela cessão de nome (artigo 33 da Lei nº 11.488/2007) esta passou a ser a penalidade aplicável ao importador ostensivo. Todavia, permanece existindo e sendo aplicável a perda de perdimento como penalidade atribuída ao importador oculto, nos exatos termos do artigo 23, inciso V e § 3º do Decret-lei n. 1.455/1976. Vale dizer, a multa de 10% do valor da operação pela cessão de nome não prejudica a pena de perdimento das mercadorias na importação ou exportação, justamente como impõe o § 3º do artigo 727 do Regulamento Aduaneiro. De fato, ambas as penalidades serão aplicáveis em caso de constatação de interposição fraudulenta, contudo sendo cada qual imposta para o respectivo infrator das normas aduaneiras, e não conjuntamente para um único sujeito passivo.
>
> Dessarte, concluo que à Recorrente, importadora ostensiva, não se aplica a penalidade imposta pelo artigo 23, inciso V e § 3º, do Decreto-lei n. 1.455/1976, mas sim aquela de 10% do valor da operação pela cessão de nome (artigo 33 da Lei nº 11.488/2007), devendo, portanto, ser

---

[111] NASPOLINI, Samyr. Relevação e Redução das Multas. *In*: BRITO, Demes (org.). **Questões Controvertidas do Direito Aduaneiro.** São Paulo: IOB Folhamatics EBS – SAGE, 2014. p. 580.

cancelada a presente autuação fiscal enquanto lhe imputa a multa equivalente à pena de perdimento das mercadorias importadas[112].

Tal entendimento foi adotado pela Segunda Turma do STJ no julgamento do Recurso Especial nº 1.632.509, julgado em 19 de junho de 2018. No caso, discutia-se a possibilidade de o importador ostensivo ser considerado solidário com o importador oculto pela multa substitutiva de perdimento.

Por unanimidade de votos, foi mantida a decisão *a quo* proferida pelo Tribunal Regional Federal da 3ª Região, no sentido de que a pena de perdimento (ou a substitutiva de perdimento) não atinge o importador ostensivo, justamente por este não ser o "real destinatário dos bens". Além disso, o fato de haver pena específica destinada ao importador ostensivo (nos termos do artigo 33 da Lei nº 11.488/2007) reforça o entendimento de que a pena de perdimento deve atingir o importador oculto. Nesse sentido, destaca-se a seguir trecho do voto do Relator Ministro Og Fernandes:

> A lógica adotada pelo Tribunal de origem faz todo o sentido, uma vez que, com a pena de perdimento da mercadoria decorrente da interposição fraudulenta – seja ela efetiva ou presumida –, o patrimônio que realmente se busca atingir pertence ao importador oculto. Ora, se a própria pena de perdimento decorre justamente da conclusão de que houve interposição fraudulenta, ou seja, de que a importação que se realiza foi custeada por outra pessoa em desacordo com a legislação de regência, é forçoso concluir que a finalidade da norma, no seu conjunto, é atingir o patrimônio do real importador. Tenho que não foi por outra razão que o legislador, buscando também submeter o importador ostensivo a uma sanção, estipulou a multa de 10% do valor da operação quando ceder seu nome, inclusive mediante a disponibilização de documentos próprios, para a realização de operações de comércio exterior de terceiros com

---

[112] Conselho Administrativo de Recursos Fiscais. Acórdão nº 3402-003.146. Rel. Diego Diniz Ribeiro. 4ª Câmara da 2ª Turma Ordinária da 3ª Seção de Julgamento, j. 20.07.2016. DJ 13.09.2016. Disponível em: https://carf.fazenda.gov.br/sincon/public/pages/ConsultarJurisprudencia/listaJurisprudenciaCarf.jsf. Acesso em: 14 fev. 2019.

vistas no acobertamento de seus reais intervenientes ou beneficiários (art. 33 da Lei n. 11.488/2007)[113].

Contudo, cumpre aqui fazer uma ressalva quanto ao entendimento adotado pelo STJ, que parece consignar que a multa pela cessão do nome seria aplicável independente da modalidade de interposição de terceiros (se comprovada ou presumida).

Com a devida vênia e salvo melhor juízo, parece-nos que a multa pela cessão do nome aplica-se tão somente aos casos de interposição "comprovada", tendo em vista que o artigo 33 da Lei nº 11.488/2007 previu expressamente que nos casos em que aplicável a multa por cessão do nome, não se aplica a pena pela inaptidão do CNPJ. Considerando que o artigo 81 da Lei nº 9.430/1996 não foi revogado e/ou modificado pela Lei nº 11.488/2007, a pena por inaptidão do CNPJ permaneceria aplicável aos casos em que a pessoa jurídica "não comprove a origem, a disponibilidade e a efetiva transferência, se for o caso, dos recursos empregados em operações de comércio exterior", isto é, a chamada interposição fraudulenta de terceiros "presumida"[114].

Apesar de nos parecerem claras as hipóteses de aplicação da pena de inaptidão do CNPJ, observa-se que há diversos casos em que a RFB aplica indevidamente tal sanção, tendo em vista que seria hipótese de interposição fraudulenta "comprovada", e não "presumida".

Como exemplo, pode-se citar precedente[115] do Tribunal Regional Federal da 3ª Região que manteve o auto de infração lavrado contra a

---

[113] Superior Tribunal de Justiça. Recurso Especial nº 1.632.509/SP. Rel.Min. Og Fernandes, Segunda Turma, j. 19.06.2018, DJe 26.06.2018, p. 9. Disponível em: https://ww2.stj.jus.br/processo/revista/documento/mediado/?-componente=ITA&sequencial=1726079&num_registro=201602726864&-data=20180626&formato=PDF. Acesso em: 12 abr. 2019.

[114] SILVA JR., Bernardo Alves. A interposição fraudulenta de terceiros presumida e a controvérsia sobre a aplicação da penalidade de inaptidão do CNPJ após o advento da Lei 11.488/07. **Migalhas.** 3 nov. 2011. Disponível em: https://www.migalhas.com.br/dePeso/16,MI144420,31047-A+interposicao+fraudulenta+de+terceiros+presumida+e+a+controversia. Acesso em: 04 mar. 2019.

[115] Tribunal Regional Federal da 3ª Região. Apelação Cível nº 0023183-96.2009.4.03.6100/SP, Rel. Desembargador Federal Johnsom Di Salvo, Sexta Turma, j. em. 05.07.2018, DJe 19.07.2018. Disponível em: http://web.trf3.jus.br/acordaos/Acordao/BuscarDocumentoGedpro/6931697. Acesso em 31 ago. 2019.

importadora ostensiva, aplicando-lhe a pena de perdimento a inaptidão pelo CNPJ.

Com base na descrição dos fatos, verifica-se que as autoridades fiscais constataram que a importadora ostensiva não possuía recursos próprios para financiar as operações de importação, indicando expressamente que houve financiamento por parte de outras empresas que seriam as "reais adquirentes" das mercadorias. Tal circunstância foi corroborada pelo fato de que as "reais adquirentes" não tinham habilitação no Radar:

> "Consta dos autos, ainda, que 'as empresas Smar Comercial Ltda. e/ou Smar Equipamentos Industriais Ltda. não estão habilitadas para operar no sistema Siscomex, pois a primeira teve sua habilitação cancelada e a segunda teve indeferido seu pedido de habilitação' (fl. 120), o que corrobora o intuito de ocultar o real importador, mediante simulação, das operações em questão"[116].

Assim, parece haver elementos para considerar que se trata de hipótese de interposição fraudulenta "comprovada", e não "presumida". Com a devida vênia, entende-se que, no caso, a importadora ostensiva deveria sujeitar-se à multa por cessão do nome (e não à pena de inaptidão do CNPJ), e a importador oculta à pena de perdimento.

Não obstante tal conclusão quanto às penalidades aplicáveis, concordamos em absoluto com as críticas de Navarro quanto à desproporcionalidade das sanções aplicáveis ao importador ostensivo:

> No caso da interposição fraudulenta comprovada, a infração é a cessão do nome a terceiro, conduta esta punida com multa de 10% do valor da operação realizada pelo interposto. Tal pena parece ser razoável e proporcional à conduta cometida.

> Por outro lado, no caso de interposição presumida, a conduta é diversa (até porque apenas de poderia imputar o fato "ceder o nome" se a interposição tivesse sido comprovada): em realidade, a infração cometida é deixar de comprovar a origem, a disponibilidade e a efetiva transferên-

---

[116] Tribunal Regional Federal da 3ª Região. Apelação Cível nº 0023183-96.2009.4.03.6100/SP, Rel. Desembargador Federal Johnsom Di Salvo, Sexta Turma, j. em. 05.07.2018, DJe 19.07.2018, p. 5. Disponível em: http://web.trf3.jus.br/acordaos/Acordao/BuscarDocumentoGedpro/6931697. Acesso em 31 ago. 2019.

cia, se for o caso, dos recursos empregados na operação de comércio exterior, ficando o infrator sujeito a uma espécie de "pena de morte" da pessoa jurídica, que é a inaptidão de seu CNPJ.

Como se vê, aquele que é identificado (pego em flagrante) tem uma pena branda, ao passo que aquele sobre o qual recai a dúvida se praticou ou não a conduta (ceder o nome), está fadado a ser sua pena capital decretada[117].

Contudo, ainda que verificada a desproporcionalidade das penas aplicáveis, parece que a atual legislação não nos permite aplicar a multa de 10% ao importador ostensivo nos casos de interposição fraudulenta na modalidade "presumida". Assim, a fim de equalizar as sanções e estancar as discussões sobre o tema, seria recomendável a revogação do artigo 81 da Lei nº 9.430/1996.

Ressalte-se que a modalidade de interposição "presumida" enseja igualmente a aplicação da pena de perdimento das mercadorias (ou da pena substitutiva de perdimento) que, embora atinja em última instância o patrimônio do oculto (que seria o real adquirente), acabará recaindo sobre o importador ostensivo. Trata-se da conclusão decorrente da simples constatação de que se refere à hipótese de interposição por presunção que, por sua vez, permite à RFB não identificar o terceiro oculto na operação. Não sendo este identificado, logicamente a pena de perdimento recairá sobre o importador ostensivo.

Assim, além da questão de quais são as penalidades aplicáveis em cada caso específico, é importante levar em consideração também quem são os sujeitos passivos das sanções aduaneiras, tendo em vista que a qualificação incorreta do sujeito passivo no ato de lançamento implicaria sua anulação, tendo em vista que se trata de elemento essencial do auto de infração[118].

---

[117] NAVARRO, Carlos Eduardo. **Ocultação do Sujeito Passivo na Importação Mediante Interposição Fraudulenta de Terceiro**. 2016. p. 55. 71 f. Dissertação (mestrado em Direito Tributário) - Escola de Direito de São Paulo da Fundação Getulio Vargas. São Paulo. Disponível em: https://bibliotecadigital.fgv.br/dspace/bitstream/handle/10438/17401/ NAVARRO%20-%2031.10.pdf?sequence=5&isAllowed=y. Acesso em: 06 fev. 2019.

[118] Nos termos do artigo 10, inciso I do Decreto nº 70.235, de 6 de março de 1972:
"Art. 10. O auto de infração será lavrado por servidor competente, no local da verificação da falta, e conterá obrigatoriamente:
I – a qualificação do autuado; [...]".

Quanto à desproporcionalidade da aplicação da pena de perdimento indistintamente aos casos de interposição fraudulenta, Navarro menciona que tal penalidade deveria se restringir àqueles casos em que a interposição é utilizada para a prática de atos gravíssimos que tendem a esconder outros ilícitos, inclusive criminais. Nos casos em que a interposição fraudulenta volta-se à prática de atos lícitos (*e.g.*, "apenas para realizar uma importação que, não fosse a interposição de terceiros, seria absolutamente regular" como "a simples omissão no preenchimento de uma obrigação tributária, mesmo que dolosamente[119]"), o autor entende que a aplicação da pena de perdimento mostra-se absolutamente desproporcional.

Nesse sentido, o STJ possui precedentes no sentido de que a aplicação da pena de perdimento deve ser analisada à luz do princípio da proporcionalidade.

Como exemplo, cita-se abaixo trecho de decisão proferida pelo Ministro Gurgel de Faria no Recurso Especial nº 1.417.738/PE, que determinou o afastamento da aplicação da pena de perdimento na hipótese de mercadorias de passagem não declaradas no Siscomex:

> O que se anota é suficiente à conclusão de que *a intenção do agente*, a que se refere o § 2º do art. 94 do DL n. 37/1966, *apta a atrair a responsabilidade pela infração correlata, é irrelevante somente quando o ato praticado oportuniza, efetivamente, o dano ao erário.*
>
> Essa conclusão deriva da interpretação sistemática dos incisos do art. 23 do DL n. 1.455/1976 e do art. 105 do DL n. 37/1966, os quais elencam situações em que a autoridade fiscal se depara com fatos com alta probabilidade de revelarem a intenção ilícita daqueles que praticam os atos descritos, como, por exemplo, descaminho, contrabando e sonegação fiscal.
>
> *Referidos artigos, portanto, veiculam presunção de dano ao erário* por procedimento contrário ao exigido pela fiscalização, que, se não oportunamente infirmada, pode ensejar a aplicação da perda de perdimento.

---

[119] NAVARRO, Carlos Eduardo. **Ocultação do Sujeito Passivo na Importação Mediante Interposição Fraudulenta de Terceiro**. 2016. p. 53. 71 f. Dissertação (mestrado em Direito Tributário) – Escola de Direito de São Paulo da Fundação Getulio Vargas. São Paulo. Disponível em: https://bibliotecadigital.fgv.br/dspace/bitstream/handle/10438/17401/NAVARRO%20-%2031.10.pdf?sequence=5&isAllowed=y. Acesso em: 06 fev. 2019.

Por não se tratar de comprovado dano efetivo ao erário, mas da presunção de sua ocorrência, por eventual desconformidade à sistemática de fiscalização, tal presunção, pode ser ilidida pelo administrado, daí o porquê de ele ter o direito de manejar defesa administrativa tendente a demonstrar a licitude de sua operação. *Em tese, as condutas previstas pelo legislador podem não ter sido praticadas com finalidade ilícita, daí o motivo do reconhecimento do direito de tentar afastar a presunção de ilicitude.*

Aliás, não se pode ignorar que o próprio Decreto-lei n. 1.455/1976, no art. 27, estabelece a necessidade de apuração do fato por meio de processo fiscal, competindo à autoridade julgadora determinar a espécie e quantidade de pena, caso entenda pela prática do ilícito (art. 97 do DL n. 37/1966).

Não se deve permitir que a pena de perdimento possa ser aplicada sem oportunizar ao agente a apresentação de defesa quanto à regularidade do negócio realizado, à luz do art. 5º, incisos LIV e LV, da Constituição Federal, segundo os quais, respectivamente, "ninguém será privado da liberdade ou de seus bens sem o devido processo legal" e "aos litigantes, em processo judicial ou administrativo, e aos acusados em geral são assegurados o contraditório e ampla defesa, com os meios e recursos a ela inerentes".

A observância ao princípio da proporcionalidade, portanto, é imanente à aplicação da pena pela autoridade aduaneira, visto que a autoridade julgadora não pode se afastar desse princípio por ocasião do julgamento administrativo.[120] (grifos da autora)

Da leitura do trecho *supra* destacado, observa-se que o STJ entendeu que as hipóteses elencadas no artigo 23 do Decreto-lei nº 1.455/1976 configuram presunções relativas de dano ao erário, que podem ser afastadas caso o administrado comprove a ausência de ilicitude nos seus atos. Especificamente no caso analisado pelo STJ, tratava-se de hipótese de dano ao erário configurada pela existência de mercadoria a bordo do

---

[120] Superior Tribunal de Justiça. Recurso Especial nº 1.417.738/PE. Rel. Min. Gurgel de Faria, Primeira Turma, j. 09.05.2019, DJe 15.05.2019, p. 8. Disponível em: https://stj.jusbrasil.com.br/jurisprudencia/709369857/recurso-especial-resp-1417738-pe-2013-0376016-2/relatorio-e-voto-709369873?ref=serp. Acesso em: 12 abr. 2019.

veículo, sem registro em manifesto ou documento equivalente (artigo 105, inciso VI, do Decreto-lei nº 37/1966 combinado com artigo 23, inciso IV, do Decreto-lei nº 1.455/1976).

Como não houve comprovação do efetivo dano ao erário e da finalidade ilícita da conduta do administrado (que simplesmente não reportou as mercadorias em trânsito no Siscomex, que sequer sujeitam-se à tributação), entendeu o STJ que a aplicação da pena de perdimento mostrava-se desproporcional.

Em outro caso envolvendo especificamente a acusação de interposição fraudulenta de terceiros, o STJ, apesar de reconhecer a possibilidade de flexibilização da pena de perdimento, concluiu que o caso concreto não continha elementos aptos a tal valoração:

> Depreende-se da leitura do acórdão acima transcrito que o Tribunal a quo aplicou a pena de perdimento, uma vez que ficou caracterizada fraude e simulação, com ocultação de sujeito passivo, do real vendedor e comprador e do responsável pela operação, bem como a realização de um emaranhado de sociedade e pessoas a realizar operações confusas e sem explicação convincente (fls. 1.106-1.107, e-STJ). Assim, ficou caracterizada a presença de dano à ordem administrativo-aduaneira.
>
> Por ocasião do exame da pena de perdimento, deve-se observar a proporção entre o valor do bem e do dano ao erário. Porém, outros elementos podem compor o juízo valorativo sobre a sanção, como por exemplo a gravidade do caso, a reiteração da conduta ilícita ou a boa-fé da parte envolvida. *In casu*, o Tribunal de origem destacou que tais circunstâncias são contrárias às partes recorridas, conforme acima destacado[121].

Assim, observa-se que a avaliação da proporcionalidade na aplicação das sanções depende diretamente dos elementos probatórios e da circunstância do caso concreto, sendo, portanto, difícil delinear antecipadamente os requisitos necessários à legitimidade da aplicação da pena de perdimento.

---

[121] Superior Tribunal de Justiça. Agravo Interno no Recurso Especial nº 1.435.983/RS. Rel. Min. Herman Benjamin, Segunda Turma, j. 09.03.2017, DJe 14.09.2016, p. 9. Disponível em: https://stj.jusbrasil.com.br/jurisprudencia/468083247/recurso-especial-resp-1435983-rs-2013-0162099-9/decisao-monocratica-468083257?ref=serp. Acesso em: 12 abr. 2019.

Contudo, tais precedentes do STJ parecem corroborar o entendimento de que as hipóteses de dano ao erário elencadas no artigo 23 do Decreto-lei nº 1.455/1976 são presunções relativas, cabendo prova ao contrário.

Especificamente em relação à interposição fraudulenta, a discussão ganha força quando a acusação das autoridades é fundamentada na falta de recolhimento de tributos.

Conforme já analisado neste trabalho, parece-nos que se a fraude alegada pelas autoridades refere-se à adoção de estruturas de planejamento tributário, não haveria que se falar em aplicação de pena de perdimento. Ora, se a infração é recolher tributos a menor, no pior cenário, a sanção correspondente deveria ser a cobrança do crédito tributário e dos respectivos acréscimos legais. Assim, a pena de perdimento deveria se restringir aos casos em que a fraude e o dano ao erário são de cunho aduaneiro.

De qualquer modo, conforme amplamente defendido ao longo deste estudo, tem-se que a infração da interposição fraudulenta de terceiros pressupõe o dolo do importador oculto em esconder-se da operação mediante fraude ou simulação. Em outras palavras, a interposição "culposa" não deve considerar-se "fraudulenta".

A vinculação entre o intuito doloso do agente, a configuração da infração da interposição fraudulenta e a aplicação da pena de perdimento é assim explicitada por Moreira Jr. e Miglioli:

> Como se vê, a aplicação da pena de perdimento depende da demonstração do *dano ao erário*, que, por sua vez, depende da comprovação da **interposição de terceiros**, que, por sua vez, exige a prova de *fraude ou simulação* ou, na ausência desta, ao menos devem estar presentes os elementos autorizadores da presunção legal[122].

Contudo, conforme *supra* analisado, temos visto que o fisco tem se furtado da análise dos elementos subjetivos dos agentes, aplicando a pena de perdimento indistintamente. Sendo esta pena a mais gravosa do direito aduaneiro, é evidente que sua aplicação generalizada ameaça a

---

[122] MOREIRA JR, Gilberto de Castro; MIGLIOLI, Maristela Ferreira. Interposição Fraudulenta de Terceiros nas Operações de Comércio Exterior. *In:* BRITO, Demes. (org.). **Questões Controvertidas do Direito Aduaneiro.** São Paulo: IOB Folhamatics EBS – SAGE, 2014. p. 406.

dinâmica de mercado e a livre iniciativa. Nesse sentido, são pertinentes as observações de Batisti:

> O que se observa na prática é que a fiscalização aduaneira vem adotando uma postura rígida e restritiva quanto ao alcance dos institutos jurídicos tipificados nas hipóteses de perdimento, postura essa que é incentivada pela própria burocracia aduaneira, dando causa a uma interpretação distorcida dos dispositivos transcritos acima, que embasa a aplicação da penalidade em situações cada vez mais abrangentes.
>
> [...]
>
> A despeito disso, a pena de perdimento vem sendo imposta em situações em que o Fisco não demonstra com propriedade a caracterização dos "elementos subjetivos" – falsificação ou adulteração de documentos, fraude, simulação e artifício doloso. Em determinados casos, a fiscalização sustenta que o "elemento subjetivo" restaria configurado em virtude de erros no preenchimento de declarações ou da existência de negócios previamente acordados envolvendo a mercadoria importada.
>
> [...]
>
> Por outro lado, a relativização dos "elementos subjetivos" dos referidos tipos infracionais pode provocar uma temerária generalização da aplicação da pena de perdimento, com risco de servir de fundamento para a imposição indevida da sanção em operações de comércio exterior realizadas no contexto de uma estrutura de planejamento tributário internacional perfeitamente lícita[123].

Portanto, parece-nos que, antes mesmo de suscitar a flexibilização da pena de perdimento, é essencial que se verifique em que medida os requisitos legais à configuração da interposição fraudulenta efetivamente foram comprovados no caso em concreto. Sendo o dolo essencial à configuração da infração, sequer haveria que se falar em afastamento do perdimento no caso de "boa-fé" das partes, uma vez que neste caso não estaria caracterizada a interposição fraudulenta.

---

[123] BATISTI, Gabriel Miranda. Limites para aplicação da pena de perdimento de mercadorias no contexto de estruturas de planejamento tributário internacional. **Decisões**. 2017. Disponível em: http://www.decisoes.com.br/ v29/index.php?fuseaction=home.mostra_artigos_boletins&id_conteudo=368610. Acesso em: 12 mai. 2019.

2.2.4. *Conclusões*

Ao longo deste subcapítulo, foram analisados os elementos necessários à configuração da interposição fraudulenta de terceiros, tanto na modalidade comprovada quanto na modalidade presumida.

Por um lado, a modalidade comprovada trata da hipótese em que cabe à RFB identificar o terceiro oculto e comprovar que a interposição ocorreu mediante fraude ou simulação, com intuito doloso do agente. Sem a comprovação destes elementos, não há que se falar em interposição fraudulenta.

Por outro lado, caso o contribuinte não comprove a origem, disponibilidade e transferência dos recursos empregados na operação, configura-se a interposição fraudulenta na modalidade presumida. Como vimos, tal presunção não deve ser considerada absoluta, de modo que cabe ao contribuinte demonstrar fato impeditivo, modificativo ou extintivo do direito da RFB.

A distinção das modalidades de interposição fraudulenta é relevante não só para que seja definida a distribuição do ônus da prova, como também para delimitar as possíveis penalidades aplicáveis a cada um dos sujeitos envolvidos na infração.

Como detalhado anteriormente, tem-se que a modalidade comprovada sujeita o importador ostensivo à multa equivalente a 10% do valor da operação, em razão de ter cedido seu nome ao importador oculto. Este, por sua vez, deve ser punido com a pena de perdimento, uma vez que busca-se atingir o patrimônio daquele que se pretendeu ocultar das autoridades aduaneiras. Não deve a pena de perdimento ser aplicada também ao importador ostensivo, sob pena de sujeitá-lo a maiores sanções quando comparado ao importador oculto.

Tratando-se da modalidade presumida, em que não é possível identificar o importador oculto, sujeita-se o importador ostensivo à pena de inaptidão do CNPJ e à pena de perdimento.

Contudo, é importante ressaltar que, a depender do caso concreto, a aplicação de uma ou outra penalidade pode mostrar-se desarrazoada, tendo em vista o baixo potencial lesivo da conduta. Do mesmo modo, quando a acusação das autoridades fiscais tem como fulcro a falta de recolhimento de tributos, parece-nos que sequer deveriam ser consideradas as multas de cunho aduaneiro, mas sim tributárias.

Considerando que a interposição fraudulenta de terceiros foi criada para combater o cometimento de outros ilícitos no comércio exterior, torna-se imperativo que a RFB e os julgadores levem em consideração as circunstâncias do caso concreto para que seja avaliada não só a efetiva configuração da infração, como também a aplicação das penalidades de forma razoável e justa.

3. Interposição Fraudulenta na Exportação

Uma vez analisada a configuração da interposição fraudulenta de terceiros na importação, tanto sob a modalidade comprovada quanto presumida, bem como as respectivas penalidades aplicáveis a cada uma delas, o estudo volta-se à análise da configuração da infração às operações de exportação de mercadorias.

A despeito de a grande maioria dos autos de infração versarem sobre a interposição fraudulenta na importação, tem ganhado importância a configuração do ilícito nas operações de exportação. É o que analisaremos a seguir.

3.1. Contexto fático e legislativo

Nos últimos anos, RFB tem se movimentado para investigar as chamadas "exportações triangulares" que, na visão das autoridades, configurariam planejamentos tributários abusivos. Já se tem notícia de autuações bilionárias contra grandes multinacionais e, ao que tudo indica, o assunto permanecerá no radar da RFB nos próximos anos.

Isso porque o Plano Anual de Fiscalização da RFB para 2019 indica as operações com partes relacionadas como um dos focos de fiscalização, nos seguintes termos:

> Esquemas envolvendo operações com o exterior também foram estudados. Práticas de blindagem por vezes são utilizadas com vistas a reduzir significativamente o valor de tributos a serem pagos no Brasil, os quais serão objeto de auditoria.

> *O estudo já está avançado para quatro setores específicos, envolvendo exportações de petróleo, soja, carne e minérios, responsáveis por parcela relevante do fluxo financeiro internacional.* As cinquenta maiores empresas exportadoras participarão de reuniões de conformidade com intuito de alertá-las sobre as irregularidades com intuito de que possam se autorregularizarem, antes de qualquer autuação. Todavia, quatorze ações de fiscalizações já foram mapeadas e serão executadas em 2019. As ações programadas envolvem tanto a área de tributos internos como de *comércio exterior*[124]. (grifos nossos)

A relevância e sensibilidade do tema são claras: tratam-se de investigações (e potenciais autuações bilionárias) contra empresas que atuam numa das áreas econômicas mais importantes da economia brasileira, qual seja, a exportação de *commodities*, que em 2014 representava 6,8% do Produto Interno Bruto do Brasil[125].

Para fins da presente análise, tomaremos como objeto de estudo recente auto de infração lavrado pela RFB contra empresa exportadora de *commodities* e que resultou na exigência de um crédito tributário de quase dez bilhões de reais. A acusação: ocultação do real adquirente das mercadorias exportadas, entendida também como interposição fraudulenta de terceiros nas exportações.

Antes de adentrarmos na discussão do auto de infração, faz-se necessária uma breve digressão a respeito das modalidades de exportação no Brasil.

A princípio, existem hoje quatro modalidades de exportação reconhecidas pela legislação brasileira: *(i)* a exportação própria; *(ii)* a exportação por meio de operador de remessa expressa ou postal; *(iii)* a exportação por conta e ordem e *(iv)* as operações "*back to back*".

---

[124] BRASIL. Plano Anual da Fiscalização – 2019. Plano Anual da Fiscalização da Secretaria da Receita Federal do Brasil para o ano-calendário de 2019: quantidade, principais operações fiscais e valores esperados de recuperação de crédito tributário e resultados de 2018. **Receita Federal do Brasil.** Disponível em: http://receita.economia.gov.br/dados/resultados/fiscalizacao/arquivos-e-imagens/2019_05_06-plano-anual-de-fiscalizacao-2019.pdf. Acesso em: 22 mai. 2019. p. 46.

[125] Conforme relatório da Conferência das Nações Unidas sobre Comércio e Desenvolvimento (ORGANIZAÇÃO DAS NAÇÕES UNIDAS – BRASIL (ONU Brasil). Aumenta peso das commodities para economia do Brasil, revela relatório da ONU. Disponível em: https://nacoesunidas.org/aumenta-peso-das-commodities-para-economia-do-brasil-revela-relatorio-da-onu/. Acesso em: 22 mai. 2019).

Os três primeiros tipos de exportação são formalmente reconhecidos pela RFB. Nos termos da Instrução Normativa RFB nº 1.702 de 21 de março de 2017, que disciplina o despacho de exportação por meio da chamada Declaração Única de Exportação (DU-E), estas seriam as três formas de realização de exportação:

> Art. 2º Para efeitos do disposto nesta Instrução Normativa, entende-se por:
>
> I – declarante, a pessoa responsável por apresentar a DU-E e promover o despacho de exportação em nome próprio, se for o exportador, ou em nome de terceiro, quando se tratar de pessoa jurídica contratada para esse fim;
>
> [...]
>
> III – exportador, qualquer pessoa que promova a saída de mercadoria do território aduaneiro;
>
> IV – exportação própria, aquela cujo declarante é o próprio exportador;
>
> V – exportação por meio de operador de remessa expressa ou postal, aquela cujo declarante é uma empresa de transporte expresso internacional, nos termos da legislação específica, ou a Empresa Brasileira de Correios e Telégrafos (ECT), contratada pelo exportador para promover em seu nome o despacho de exportação;
>
> VI – exportação por conta e ordem de terceiro, aquela cuja DU-E é apresentada e cujo despacho aduaneiro de exportação é promovido por pessoa jurídica contratada para essa atividade; [...]

Assim, na exportação direta, o exportador e o declarante são a mesma pessoa e promovem a saída da mercadoria do território aduaneiro para o importador estrangeiro.

Na exportação por meio de remessa expressa ou postal, o declarante é uma das empresas que atuam neste setor que é contratada para realizar a exportação e agir em nome do exportador.

Já a exportação por conta e ordem de terceiro, criada pela Lei nº 12.995 de 18 de junho de 2014[126], é similar à importação por conta e ordem: o

---

[126] "Art. 8º – A Medida Provisória nº 2.158-35, de 24 de agosto de 2001, passa a vigorar com as seguintes alterações:

exportador contrata uma empresa para lidar com os trâmites da operação de exportação (inclusive a apresentação da DU-E) e é responsável pela emissão da nota fiscal de exportação. Tanto o exportador quanto o declarante devem possuir habilitação no Siscomex.

Contudo, diferentemente das importações indiretas, não há necessidade de vinculação entre exportador e declarante na DU-E, conforme verificado no trecho abaixo extraído da Seção Perguntas Frequentes do Novo Processo de Exportação disponível no Portal Siscomex:

> "1.5) Na hipótese de exportação por conta e ordem de terceiro, existe alguma obrigação de vinculação entre as partes cadastrada no Siscomex?
>
> Não. Conforme estabelecido no artigo 13 da Instrução Normativa RFB nº 1.702/2017, os únicos requisitos para o registro da DU-E na modalidade de exportação por conta e ordem é que tanto a empresa exportadora quanto a declarante estejam habilitadas para a prática de atos no Siscomex, nos termos da IN RFB nº 1.603/2015, e que a operação seja realizada com base em NF-e emitida pelo exportador, cabendo a ambas empresas observar o disposto no inciso I do art. 80 da Medida Provisória nº 2.158-35, de 24 de agosto de 2001"[127].

Em relação à operação *back to back*, muito se discute a respeito da sua natureza jurídica, *i.e.*, se corresponde à operação financeira de natu-

---

'Art. 80. [...]
I – estabelecer requisitos e condições para a atuação de pessoa jurídica importadora ou exportadora por conta e ordem de terceiro; e [...] (NR)
Art. 81-A. No caso de exportação por conta e ordem, considera-se, para efeitos fiscais, que a mercadoria foi exportada pelo produtor ou revendedor contratante da exportação por conta e ordem.
§ 1º A exportação da mercadoria deverá ocorrer no prazo de 30 (trinta) dias, contado da contratação da pessoa jurídica exportadora por conta e ordem.
§ 2º Considera-se data de exportação a data de apresentação da declaração de exportação pela pessoa jurídica exportadora por conta e ordem.
§ 3º A pessoa jurídica exportadora e o produtor ou revendedor contratante da exportação por conta e ordem são solidariamente responsáveis pelos tributos devidos e pelas penalidades aplicáveis caso não seja observado o prazo estabelecido no § 1º.
§ 4º Não se considera exportação por conta e ordem de terceiro a operação de venda de mercadorias para pessoa jurídica exportadora".
[127] Disponível em http://www.siscomex.gov.br/informacoes/perguntas-frequentes/exporta cao/. Acesso em: 01 jul. 2020.

reza cambial, agenciamento ou à modalidade de operação de comércio exterior[128].

Para fins do presente estudo, consideraremos a significação da operação *back to back* como modalidade de exportação ou, como sugere Stahl, como uma "compra e venda feita no exterior"[129].

Apesar de ainda não ter sido objeto de regulamentação para fins especificamente aduaneiros, a operação *back to back* foi expressamente reconhecida pela RFB na Instrução Normativa nº 1.312 de 28 de dezembro de 2012, que trata das regras de preços de transferência:

> "Art. 37. Estão sujeitas à aplicação da legislação de preços de transferência as operações back to back, quando ocorrer:
>
> I – aquisição ou alienação de bens à pessoa vinculada residente ou domiciliada no exterior; ou
>
> II – aquisição ou alienação de bens à pessoa residente ou domiciliada em país ou dependência com tributação favorecida, ou beneficiada por regime fiscal privilegiado, ainda que não vinculada.
>
> § 1º Para fins do disposto no caput, *as operações back to back são aquelas em que a compra e a venda dos produtos ocorrem sem que esses produtos efetivamente ingressem ou saiam do Brasil. O produto é comprado de um país no exterior e vendido a terceiro país, sem o trânsito da mercadoria em território brasileiro.*
>
> § 2º Deverá ser demonstrado que a margem de lucro de toda a transação, praticada entre vinculadas, é consistente com a margem praticada em operações realizadas com pessoas jurídicas independentes.
>
> § 3º Deverão ser apurados 2 (dois) preços parâmetros referentes a operação de compra e a operação de venda, observando-se as restrições legais quanto ao uso de cada método de apuração". (grifos da autora)

A RFB também já reconheceu a operação *back to back* em Soluções de Consulta que tratam da incidência do PIS/COFINS e da obrigatorie-

---

[128] STAHL, Sidney. Tributação da Operação *Back to Back*. In: PEIXOTO, Marcelo Magalhães; SARTORI, Ângela; DOMINGO, Luiz Roberto. **Tributação Aduaneira:** à luz da jurisprudência do CARF – Conselho Administrativo de Recursos Fiscais. São Paulo: MP, 2013. p. 269-281.

[129] STAHL, Sidney. Tributação da Operação *Back to Back*. In: PEIXOTO, Marcelo Magalhães; SARTORI, Ângela; DOMINGO, Luiz Roberto. **Tributação Aduaneira:** à luz da jurisprudência do CARF – Conselho Administrativo de Recursos Fiscais. São Paulo: MP, 2013. p. 274.

dade de reportar tais operações no Sistema Integrado de Comércio Exterior de Serviços, Intangíveis e Outras Operações que Produzam Variações no Patrimônio[130].

Trata-se de modalidade de operação de comércio exterior mundialmente utilizada, que envolve a compra e a venda de mercadorias entre três sujeitos diferentes (o vendedor original vende a mercadoria para um terceiro, que por sua vez a revende para o adquirente final). Contudo, com o objetivo de redução de custos e ganho de eficiência logística, a mercadoria é enviada diretamente do vendedor original para o adquirente final.

Para melhor entendimento, tomamos emprestadas as lições de Caseiro e Galego:

> Apesar de serem operações já conhecidas no mercado internacional, sobretudo no âmbito das atividades cambiais, o "BTB" *[back to back]* ainda se encontra pendente de regulamentação no Brasil. Sabe-se, no entanto, que se trata de uma relação triangular, por meio da qual mercadorias são compradas e revendidas no mercado internacional, sem que transitem fisicamente pelo país onde está domiciliado a entidade que de ambas as operações participa.
>
> Verdadeiramente, é uma operação triangular, a qual o terceiro interessado, ou seja, a entidade que representa o elo de ligação entre as "reais" ou "principais" realizadoras do negócio jurídico está situada em um país diferente dos demais participantes da operação, ou até cada uma pode se encontrar em países diferentes entre si.
>
> Na prática, o que ocorre é o seguinte: a mercadoria é vendida de uma empresa "X" para a empresa "Y", que a (re)vende para a empresa "Z", de forma que a mercadoria é enviada diretamente de "X" para "Z", sem que a mesma transite pelo território onde está estabelecida "Y"[131].

---

[130] Solução de Consulta COSIT nº 05/2009, publicada em 10.07.2009. Solução de Consulta COSIT nº 536/2017, publicada em 26.12.2017. Solução de Consulta COSIT nº 306/2017, publicada em 27.07.2017.

[131] CASEIRO, Marcos Paulo; GALEGO, Marco Antônio. *Transfer Pricing* nas Operações *Back to Back*. In: BRITO, D. (org.). **Questões Controvertidas do Direito Aduaneiro**. São Paulo: IOB Folhamatics EBS – SAGE, 2014. p. 175.

Considerando o escopo deste trabalho, a exportação na modalidade *back to back* é a que se mostra mais relevante, posto que são as chamadas "exportações triangulares" que se encontram atualmente no radar da RFB.

Vejamos abaixo a ilustração constante do Plano Anual de Fiscalização da RFB inserida justamente no contexto das fiscalizações das operações de exportação com partes relacionadas:

FIGURA 1 – Triangulação nas exportações

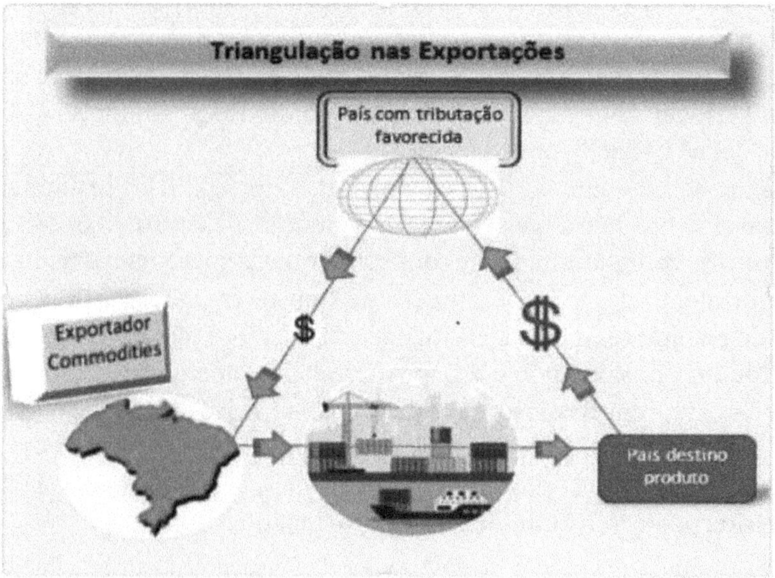

Fonte: Receita Federal do Brasil[132].

A ilustração acima indica hipótese em que o intermediário da operação estaria em País de tributação favorecida, de modo que a mercadoria transita fisicamente entre o país do exportador (Brasil) e o país do adquirente final.

---

[132] BRASIL. Receita Federal do Brasil. Receita incrementa atuação no combate aos Planejamentos Tributários Abusivos. Disponível em: http://receita.economia.gov.br/sobre/acoes-e-programas/operacao-deflagrada/arquivos-e-imagens/ nota-planejamento-tributario-triangulacao-nas-exportacoes.pdf. Acesso em: 19 abr. 2019. p. 47.

Conforme visto acima, tal "triangulação" nas exportações, por si só, não é ilícita. Não há qualquer ilicitude na adoção do modelo *back to back* nas exportações brasileiras que, a despeito de não ser devidamente regulamentada pela RFB para fins aduaneiros, o é reconhecida para outros fins.

Foi justamente a implementação desse tipo de estrutura que levou à acusação, por parte da RFB, da interposição fraudulenta de terceiros por empresas exportadoras de *commodities*.

Nos casos em que se tem notícia de lavratura de auto de infração, a RFB adotou o entendimento de que o exportador no Brasil teria interposto fraudulentamente uma parte relacionada no exterior (em País de tributação favorecida), a fim de ocultar o real adquirente da mercadoria exportada, incorrendo, portanto, na infração do artigo 23, inciso V, do Decreto-lei nº 1.455/1976.

Ressalte-se que alguns dos casos investigados pela RFB resultaram (e provavelmente irão resultar) na configuração de outros ilícitos tributários, tais como a falta do reconhecimento de lucros no Brasil e o descumprimento das regras de preços de transferência. Tais acusações, apesar de resultantes da mesma situação fática, não serão objeto do presente estudo. Considerando o escopo do trabalho, apenas será analisada a ocorrência de interposição fraudulenta de terceiros nas exportações realizadas na modalidade *back to back*.

3.2. A interposição fraudulenta na exportação

Passemos a analisar então a configuração da infração nas operações de exportação. Para tanto, pedimos licença ao leitor para transcrever novamente o dispositivo legal do Decreto-lei nº 1.455/1976 que prevê a figura da interposição fraudulenta:

> Art. 23. Consideram-se dano ao Erário as infrações relativas às mercadorias:
>
> [...]
>
> V – estrangeiras ou nacionais, na importação ou na exportação, na hipótese de ocultação do sujeito passivo, do real vendedor, comprador ou de responsável pela operação, mediante fraude ou simulação, inclusive a interposição fraudulenta de terceiros. *(Incluído pela Lei nº 10.637, de 30.12.2002)*

Da leitura do dispositivo, não há como se negar a sua aplicação às operações de exportação, de modo que quis o legislador combater a interposição de terceiros, ocorrida mediante fraude ou simulação, também na exportação das mercadorias nacionais.

Observa-se que o legislador conjugou a interposição fraudulenta na exportação e na importação num mesmo dispositivo, o que significa dizer que a análise anterior quanto aos requisitos aplicáveis a cada uma das modalidades na importação aplica-se igualmente no caso das exportações.

Em outras palavras, as condições e o ônus da prova para que se comprove a interposição fraudulenta de terceiros na exportação depende da modalidade de interposição, isto é, se "presumida" ou "comprovada".

Caso o contribuinte não possa provar a origem, disponibilidade e transferência dos recursos, a RFB está autorizada a presumir a interposição fraudulenta. Nesse caso, cabe ao contribuinte o ônus de provar fato impeditivo, modificativo ou extintivo do direito de presunção das autoridades fiscais que, como vimos, não é absoluto.

Por outro lado, caso o contribuinte tenha comprovado a origem, disponibilidade e transferência dos recursos, cabe à fiscalização o ônus de provar *(i)* que houve a ocultação de um terceiro na operação e *(ii)* que a interposição ocorreu mediante fraude ou simulação. Como vimos, é imprescindível a prova concreta do elemento volitivo dos agentes, sem o qual não estará configurado o ilícito de interposição fraudulenta.

Em relação às importações, vimos acima que a legislação aduaneira brasileira é rigorosa ao exigir que as importações indiretas se enquadrem exatamente nos conceitos e condições previstas para cada uma das modalidades existentes (*i.e.*, por encomenda e por conta e ordem).

A exigência do legislador é refletida do ponto de vista procedimental, uma vez que o importador é obrigado a indicar na Declaração de Importação quem é o real adquirente da mercadoria no Brasil.

Assim, numa importação feita em estrita obediência aos ditames legais, tem a RFB a possibilidade de verificar quem está importando determinada mercadoria, e para quem tal mercadoria será destinada. A despeito das nossas ressalvas, a ausência de tal informação por vezes é considerada indício de interposição fraudulenta na importação.

Contudo, o mesmo não ocorre em relação às exportações. Isso porque a legislação aduaneira apenas prevê uma hipótese de exportação indireta, qual seja, a exportação por conta e ordem, que sequer exige que haja vinculação entre o exportador de fato e a exportadora por conta e ordem na DU-E. Apenas há exigência de que ambas as partes possuam habilitação para operar no Siscomex e que o exportador seja o emitente da nota fiscal.

Em relação às informações exigidas sobre o adquirente da mercadoria exportada, a DU-E apenas permite a identificação do seu nome e do País de importação, não havendo campo na DU-E para que seja indicado o "real adquirente".

Assim, quando das exportações, a RFB apenas exige que seja identificado o importador da mercadoria, que coincide com o adquirente indicado na nota fiscal de exportação emitida pelo exportador.

Ora, seria difícil imaginar a situação contrária: com qual justificativa e com que meios poderia ser exigido do exportador no Brasil que identificasse o "adquirente final" da mercadoria por ele exportada? Parece-nos que a RFB não possui a prerrogativa de exigir que se revele todas as etapas posteriores à aquisição da mercadoria pelo importador estrangeiro, tendo em vista que tal exigência foge do espectro da jurisdição aduaneira, ferindo também o princípio da territorialidade das leis.

Do ponto de vista tributário, o Código Tributário Nacional determina como regra a territorialidade das leis tributárias, nos termos dos artigos 101 e 102:

> Art. 101. A vigência, no espaço e no tempo, da legislação tributária rege-se pelas disposições legais aplicáveis às normas jurídicas em geral, ressalvado o previsto neste Capítulo.

> Art. 102. A legislação tributária dos Estados, do Distrito Federal e dos Municípios vigora, no País, fora dos respectivos territórios, nos limites em que lhe reconheçam extraterritorialidade os convênios de que participem, ou do que disponham esta ou outras leis de normas gerais expedidas pela União.

Da perspectiva aduaneira, o artigo 3º do Regulamento Aduaneiro determina que "a jurisdição dos serviços aduaneiros estende-se por todo o território aduaneiro" e abrange a zona primária e zona secundária, definidas nos seguintes termos:

"Art. 3º. A jurisdição dos serviços aduaneiros estende-se por todo o território aduaneiro e abrange (Decreto-lei nº 37, de 18 de novembro de 1966, art. 33, caput):

I – a zona primária, constituída pelas seguintes áreas demarcadas pela autoridade aduaneira local:

a) a área terrestre ou aquática, contínua ou descontínua, nos portos alfandegados;

b) a área terrestre, nos aeroportos alfandegados; e

c) a área terrestre, que compreende os pontos de fronteira alfandegados; e

II – a zona secundária, que compreende a parte restante do território aduaneiro, nela incluídas as águas territoriais e o espaço aéreo. [...]"

Sendo a jurisdição aduaneira entendida como "o território onde a autoridade aduaneira aplica suas leis para administrar, controlar, fiscalizar e cobrar tributos dos viajantes e das mercadorias provenientes do exterior ou a ele destinados"[133], não nos parece que a RFB teria competência para exigir informações sobre as operações subsequentes à exportação da mercadoria. Salvo melhor juízo, a revenda ou qualquer outro ato cometido pelo importador estrangeiro não ocorrerá nas zonas primárias e secundárias, estando à margem, portanto, da jurisdição aduaneira.

Exceção a tal conclusão seria o caso de exportações proibidas ou dos chamados bens sensíveis, que possuem regulamentação específica tanto em nível internacional quanto nacional.

No âmbito internacional, o Brasil adota as regras voltadas ao controle de exportação, em linha com a sua participação como membro da Organizações da Nações Unidas (ONU) e como signatário de tantos outros Acordos Internacionais[134].

A esse respeito, o artigo 254 da Portaria da Secretaria de Comércio Exterior nº 23, de 14 de julho de 2011, elenca, por País, as mercadorias cuja exportação é proibida, seguindo as Resoluções do Conselho de

---

[133] FRENKEL, Jorge. Jurisdição Aduaneira *In*: BRITO, Demes. (org.). **Temas Atuais do Direito Aduaneiro Brasil e Notas sobre o Direito Internacional.** São Paulo: IOB, 2012. p. 40.

[134] Em relação à exportação de bens sensíveis, o Brasil é membro do Grupo de Fornecedores Nucleares (*Nuclear Suppliers Group*) e do Regime de Controle de Tecnologia de Mísseis (*Missile Technology Control Regime*).

Segurança da ONU sobre o tema[135]. Tal dispositivo prevê, entre outras hipóteses, que a exportação de equipamentos militares para o Iraque é proibida, nos termos do Decreto nº 4.775, de 9 de julho de 2003, que dispõe sobre a execução das sanções contra o Iraque.

A legislação local também possui regras a respeito do controle de exportação dos chamados bens sensíveis. A Lei nº 9.112, de 10 de outubro de 1995, dispõe sobre a exportação de bens sensíveis e serviços diretamente vinculados, e é regulamentada pelo Decreto nº 1.861, de 12 de abril de 1996.

Nesse sentido, Machado e Silbiger assim descrevem o controle de bens sensíveis em âmbito nacional[136]:

> Em relação à exportação de bens sensíveis, a legislação brasileira assim define as operações de exportação sujeitas ao controle: (i) qualquer negociação preliminar, entendida como toda ação do exportador que anteceda o pedido formal de exportação; (ii) participação em licitações; (iii) envio de amostras; (iv) participação em feiras e exposições; (v) exportação efetiva dos bens sensíveis e (vi) outras operações ou ações que

---

[135] "Art. 254. Para os países abaixo indicados, estão proibidas as exportações dos seguintes produtos:
I – Iraque: armas ou material relacionado, exceto se requeridos pela Autoridade, Comando Unificado das Potências Ocupantes – Decreto nº 4.775, de 9 de julho de 2003;
III – República Democrática da Somália: armas e equipamentos militares – Decreto nº 1.517, de 7 de junho de 1995; Decreto nº 6.801, de 18 de março de 2009; exceto hipóteses previstas no Decreto nº 7.869, de 19 de dezembro de 2012; (Redação dada pela Portaria SECEX nº 13, de 2013)
IV – Serra Leoa: armamento ou material conexo de todo tipo, inclusive armas e munições, veículos e equipamentos militares, equipamento paramilitar e peças de reposição para o mencionado material, ficando excetuadas as exportações destinadas a entidades do governo daquele país – Decreto nº 2.696, de 29 de julho de 1998; [...]"

[136] No original:
"With respect to the export of sensitive items, Brazilian legislation defines the following as export transactions: (i) any preliminary transaction, which means any exporter's action previous to the formal request of exportation; (ii) participation in public bidding; (iii) remittance of samples; (iv) participation in fairs and exhibitions; (v) effective export of sensitive goods; and (vi) other actions or transactions related to the exportation of missiles and associated services.
According to Law 9,112, sensitive goods refers to dual-use items or goods that can be used in the nuclear, chemical and biological areas. According to the legal definition, dual-use items are those with widespread application that can be used for warlike purposes."

guardem afinidade com a exportação de bens de uso na área nuclear e serviços diretamente vinculados.

De acordo com a Lei 9.112, consideram-se bens sensíveis os bens de uso duplo e os bens de uso na área nuclear, química e biológica. Na definição legal, consideram-se bens de uso duplo os de aplicação generalizada, desde que relevantes para aplicação bélica.[137]

Assim, os bens sensíveis são aqueles que podem ser usados para contribuir para o desenvolvimento de armas, guerras e ações terroristas.

Atualmente, o Brasil categoriza os bens sensíveis em quatro diferentes grupos: biológico, míssil, nuclear e químico. O controle é exercido pela Comissão Interministerial de Controle de Exportação de Bens Sensíveis (CIBES), por meio das informações inseridas pelo exportador no Siscomex.

Nos termos do parágrafo único do artigo 5º da Lei nº 9.112 de 10 de outubro de 1995, a atuação da CIBES é fundamentada em pressupostos macroeconômicos alinhados aos compromissos externos assumidos pelo Brasil:

> Art. 5º Compete à Comissão Interministerial de Controle de Exportação de Bens Sensíveis:
>
> [...]
>
> Parágrafo único. No exercício de sua competência, a Comissão deverá observar os seguintes pressupostos:
>
> I – os interesses da política externa, da defesa nacional, da capacitação tecnológica e do comércio exterior do País; e
>
> II – os tratados e compromissos internacionais de que o Brasil é parte.

Como se nota, as hipóteses de exportações proibidas e de bens sensíveis são absolutamente excepcionais, sendo o controle voltado muito mais aos interesses de política externa e segurança nacional, extrapolando interesses meramente aduaneiros.

---

[137] MACHADO, Alessandra; SILBIGER, Marcelle. Brazil. In: WorldECR – Dual-use Export Controls in International Transit and Transhipment. London: D.C. Houghton Ltd, 2017, p. 12.

Assim, à exceção de tais casos, parece-nos que as autoridades fiscais não possuem justificativas aptas a exigir informações sobre o destino e percurso da mercadoria exportada do Brasil.

Logo, do ponto de vista legal e, como regra geral, o exportador apenas deve informar o importador "imediato" da mercadoria exportada no Siscomex. Tal entendimento é confirmado pelo "Manual de Preenchimento da Declaração única de Exportação – DU-E" disponível no Portal Siscomex[138], que prevê que os dados do importador estrangeiro são extraídos e migrados diretamente da nota fiscal de exportação vinculada na DU-E.

Ressalte-se, entretanto, que há campo específico para indicação do "País de Destino" da mercadoria exportada, que, segundo o Manual, "pode ser diferente do País do importador, mas deve ser o mesmo País que será informado pelo transportador na manifestação de dados de embarque"[139]. Assim, admite-se a existência de venda de mercadoria para importador com entrega em local diverso.

Tal circunstância é verificada justamente no caso de exportação realizada na modalidade *back to back*. Na DU-E, o exportador brasileiro indicará como importador estrangeiro aquele contra o qual é emitida a nota fiscal de exportação (*i.e.*, o adquirente "imediato") e, como País de destino, aquele onde localizado o "real adquirente", isto é, aquele que comprará as mercadorias revendidas pelo intermediário.

Portanto, observa-se que, em relação às exportações, a RFB *(i)* exige apenas a identificação do importador estrangeiro, entendido como aquele contra o qual o exportador emite a nota fiscal de exportação e *(ii)* reconhece a possibilidade de que a entrega da mercadoria seja feita em País distinto do importador.

Assim, eventual acusação de interposição fraudulenta de terceiros deve levar em conta os limites operacionais do Siscomex. Não há que se exigir que o exportador forneça informações além das que são exigidas

---

[138] PORTAL ÚNICO SISCOMEX. Manual de preenchimento da declaração única de exportação – DU-E. Disponível em: http://portal.siscomex.gov.br/informativos/manuais/ManualdePreenchimentoTelasDUEv13.pdf. Acesso em: 23 mai. 2019.

[139] PORTAL ÚNICO SISCOMEX. Manual de preenchimento da declaração única de exportação – DU-E. Disponível em: http://portal.siscomex.gov.br/informativos/manuais/ManualdePreenchimentoTelasDUEv13.pdf. Acesso em: 23 mai. 2019.

pelo sistema, seja por ferir o princípio da legalidade, seja por inviabilidade prática.

3.3. A decisão do CARF no Acórdão 3201-005.152

Com base nas premissas acima, passemos à análise do auto de infração lavrado contra a empresa Cargill Agrícola S.A., cujo Recurso Voluntário foi objeto de análise por parte da 2ª Câmara da 1ª Turma Ordinária da 3ª Seção de Julgamento do CARF e que, portanto, é público[140]. Segundo noticiado, trata-se do primeiro caso que chega ao CARF a respeito da configuração da interposição fraudulenta nas exportações, resultante do projeto de fiscalização da RFB[141], e o único analisado pelo CARF até a data da conclusão deste trabalho.

De acordo com as informações constantes no Acórdão nº 3201-005.152, a Cargill Agrícola S.A. teria interposto fraudulentamente sua filial no exterior a fim de ocultar os reais adquirentes das mercadorias exportadas. O auto de infração foi lavrado para exigir a multa equivalente ao valor das mercadorias exportadas (substitutiva de perdimento), totalizando o valor de R$ 9.288.294.468,00.

O caso concreto referia-se justamente às exportações de *commodities* na modalidade *back to back*: a Cargill Agrícola S.A. ("matriz"), localizada no Brasil, realizava a exportação das *commodities* para sua filial estrangeira localizada nas Ilhas de Turcas e Caicos ("filial"), que por sua vez revendia as mercadorias para tradings localizadas em diversos países. Tais *tradings* revendiam as mercadorias para outros intervenientes, até que as mercadorias efetivamente chegassem aos adquirentes finais.

Do ponto de vista documental, a matriz registrava os documentos de exportação (Registros de Exportação e notas fiscais) em nome da filial, indicando como local de entrega das mercadorias os países dos adquirentes finais.

No entender da RFB, a matriz teria interposto fraudulentamente sua filial no exterior para ocultar os reais adquirentes das mercadorias que,

---

[140] Trata-se do processo administrativo nº 16561.720129/201779. O Recurso Voluntário foi julgado pelo CARF em 26 de março de 2019 e o acórdão publicado em 13 de maio de 2019.
[141] MENDES, Guilherme. Carf anula multa de R$ 10 bilhões contra a Cargill. **JOTA**. Disponível em: https://www.jota.info/tributos-e-empresas/tributario/carf-multa-cargill-27032019. Acesso em: 23 mai. 2019.

no entender da fiscalização, seriam as *tradings*. O trecho a seguir bem sumariza o entendimento da RFB:

> "Para os controles aduaneiros, houve uma exportação, com registro no SISCOMEX, tendo como adquirente a CARGILL TC, e como destino final nesse caso, o Japão. Entretanto, pelos fatos narrados, resta provado que houve primeiramente uma venda somente formal, documental, da matriz Cargill para sua filial em T&C, como ela mesma afirma, de "direitos", e, posteriormente, a venda da mercadoria se deu entre a matriz e a Marubeni. Esta, ao final, foi quem determinou à Cargill que navio deveria embarcar as mercadorias e a documentação que deveria acompanhar o transporte. *A filial de T&C somente participa, nesta operação, como via de fluxo financeiro.*
>
> [...]
>
> Nessas operações de venda da matriz para a filial, a CARGILL TC atuou formalmente como adquirente/comprador nas exportações, entretanto, não comprova seu propósito negocial ou substância econômica, encobrindo dos controles aduaneiros as vendas que foram efetuadas diretamente da matriz aos reais compradores (ocultos nas operações de exportação). *A filial CARGILL TC agiu como interposta pessoa nas operações de exportações em questão, ocultando os reais compradores, os quais negociavam diretamente com a matriz em São Paulo, e ordenavam à matriz que os bens fossem embarcados do Brasil diretamente para diversos países de destino,* entre os quais China, Taiwan, Tailândia, Coréia do Sul, Estados Unidos, Japão, Reino Unido, México, sem que qualquer informação a respeito das negociações passasse pela filial de Turcos e Caicos"[142]. (grifos da autora)

Os seguintes elementos foram considerados pela fiscalização para suportar a acusação da interposição fraudulenta de terceiros na operação de exportação:

– apesar de a matriz indicar que a compradora das mercadorias seria sua filial, as mercadorias eram embarcadas no Brasil diretamente para clientes no exterior;

---

[142] Conselho Administrativo de Recursos Fiscais. Acórdão nº 3201-005.152. Rel. Pedro Rinaldi de Oliveira. 2ª Câmara da 1ª Turma Ordinária da 3ª Seção de Julgamento, j. 26.03.2019, DJ 13.05.2019, p. 7-8. Disponível em: https://carf.fazenda.gov.br/sincon/public/pages/ConsultarJurisprudencia/listaJurisprudenciaCarf.jsf. Acesso em: 14 fev. 2019.

– a negociação com as tradings era feita diretamente pela matriz, que indicava todos os detalhes da operação (inclusive a localização dos reais destinatários das mercadorias, a identificação do navio etc.) e cujos funcionários assinavam os documentos suportes;

– a operação de venda entre a matriz e a filial era meramente de fachada, tendo em vista que a operação de venda era substancialmente feita entre a matriz e os adquirentes finais das mercadorias. A filial apenas fazia parte do fluxo formal e financeiro da operação, atuando como interposta pessoa;

– a filial localizada em país de tributação favorecida não possuía qualquer estrutura, sendo uma mera "caixa postal". A filial não possuía funcionários nem gerência, e todos que agiam em seu nome residiam em São Paulo, domicílio da matriz. Foram solicitados diversos documentos que comprovassem a existência de fato da filial (*e.g.*, contas de luz, folha de pagamento etc.), e apenas foi fornecido seu documento de constituição;

– em alguns casos a mercadoria era alienada para empresas que negociavam créditos (*i.e.*, por meio da especulação dos preços das *commodities*).

Conforme trecho transcrito ao longo do Acórdão nº 3201-005.152, a conclusão da fiscalização é sumarizada da seguinte maneira no auto de infração:

> Portanto, para atingir seus objetivos especulativos na venda *commodities* e ainda auferir benefícios fiscais previstos para vendas com fim específico de exportação, a Cargill ocultou do fisco os reais compradores, impedindo os controles aduaneiros, transferindo o fluxo financeiro e operacional para a jurisdição do paraíso fiscal de Turcos e Caicos, causando DANO AO ERÁRIO, conforme o disposto no inciso V do art. 23 do Decreto-lei nº 1.455/1976[143].

---

[143] Conselho Administrativo de Recursos Fiscais. Acórdão nº 3201-005.152. Rel. Pedro Rinaldi de Oliveira. 2ª Câmara da 1ª Turma Ordinária da 3ª Seção de Julgamento, j. 26.03.2019, DJ 13.05.2019, p. 25. Disponível em: https://carf.fazenda.gov.br/sincon/public/pages/ConsultarJurisprudencia/listaJurisprudenciaCarf.jsf. Acesso em: 14 fev. 2019.

O contribuinte, por sua vez, apresentou os seguintes argumentos de defesa, entre outros:

– a filial no exterior atua de forma integrada com a matriz, visando ao gerenciamento de risco cambial e do preço das *commodities*, permitindo maior agilidade, liquidez e segurança nos fluxos das exportações, sendo tal estrutura comumente adotada no mercado de *commodities*;

– a jurisdição onde localizada a filial não exige estabelecimento físico tampouco contratação de funcionários para execução das atividades empresariais;

– a filial pagou a matriz pelas mercadorias exportadas e serviços prestados. Seus resultados foram devidamente tributados no Brasil na forma da legislação. As operações de exportação pela filial já foram devidamente auditadas pela RFB para fins de preço de transferência e não foi encontrada qualquer irregularidade;

– os documentos suportes da operação de exportação indicavam a filial como importadora das mercadorias e o País de destino como o local de destino dos navios, nos termos das exigências do Siscomex;

– a filial não adquire mercadoria apenas da matriz, mas de outros fornecedores;

– a RFB não teria apontado a vantagem na suposta ocultação do real adquirente e tampouco teria trazido provas do intuito doloso das partes.

A defesa da Impugnante é resumida no seguinte trecho:

> "Portanto, considerando, de um lado, o tratamento segmentado da filial T&C pela legislação tributária e cambial e, de outro, o fato de que a Impugnante efetivamente vendeu as mercadorias por ela exportadas para a filial T&C, que, consequentemente pagou por elas, todos os documentos emitidos para amparar tais exportações foram emitidos em conformidade com a legislação aduaneira e todos os controles aduaneiros aplicáveis a estas exportações foram devidamente observados pela Impugnante."[144]

---

[144] Conselho Administrativo de Recursos Fiscais. Acórdão nº 3201-005.152. Rel. Pedro Rinaldi de Oliveira. 2ª Câmara da 1ª Turma Ordinária da 3ª Seção de Julgamento, j. 26.03.2019, DJ 13.05.2019, p. 9. Disponível em: https://carf.fazenda.gov.br/sincon/public/pages/ConsultarJurisprudencia/listaJurisprudenciaCarf.jsf. Acesso em: 14 fev. 2019.

A decisão da Delegacia da Receita Federal de Julgamento (DRJ) em Florianópolis foi desfavorável ao contribuinte. De acordo com as informações disponibilizadas, a DRJ teria considerado ilícita a compra e venda de mercadorias entre matriz e filial, concluindo pela interposição fraudulenta da filial nas exportações realizadas pela matriz.

Destacam-se os seguintes trechos da ementa da decisão da DRJ:

> "ASSUNTO: OBRIGAÇÕES ACESSÓRIAS
>
> Exercício: 2013
>
> PESSOA JURÍDICA. MATRIZ E FILIAL. CONTRATO DE COMPRA E VENDA.
>
> A pessoa jurídica é quem possui aptidão para titularizar direitos e contrair obrigações, já que decorrentes de sua personalidade, não se confundindo com seus estabelecimentos. Não é lícito eventual contrato de compra e venda de mercadorias entre estabelecimentos da mesma pessoa jurídica (matriz e qualquer filial ou entre quaisquer filiais), pois não possuem, por si mesmas, personalidade jurídica. Qualquer dos estabelecimentos da pessoa jurídica pode servir nas negociações que resultaram num contrato de compra e venda de mercadorias, desde que a outra parte seja pessoa jurídica diversa.
>
> ADIMPLEMENTO DA OBRIGAÇÃO DO COMPRADOR DA MERCADORIA.
>
> Pelo contrato de compra e venda, a parte vendedora se obriga a transferir o domínio do objeto negociado, enquanto que o comprador, a pagar o preço avençado.
>
> [...]
>
> OCULTAÇÃO DE SUJEITOS NO COMÉRCIO EXTERIOR. INDIFERENÇA QUANTO À CONDUTA PRATICADA.
>
> Se houve atingimento do resultado pretendido, ocultar "o sujeito passivo, o real vendedor, comprador ou o responsável pela operação", através de uma das condutas previstas em lei, não haveria qualquer prejuízo ao contraditório e à ampla defesa se, equivocadamente, apontou-se a fraude ou a simulação (lato sensu), mas o conjunto probatório leva ao entendimento da ocorrência, também, de "interposição fraudulenta",

mesmo que a "presumida" (art.23 §2º, do Decreto-Lei nº 1.455/76), desde que a íntegra dos autos tenha sido levada ao conhecimento do interessado.

Este, tomando conhecimento da "acusação fiscal", terá oportunidade para contestar o resultado "ocultação", na medida que entender cabível.

[...]

INOCUIDADE DA EXISTÊNCIA DE DANO AO ERÁRIO.

A classificação das condutas descritas no art.23 caput, do Decreto-Lei nº 1.455/76, como dano ao Erário decorre diretamente de uma opção do legislador, sendo inócua a discussão sobre o tema. [...]"[145]

O contribuinte recorreu da decisão, e o Recurso Voluntário foi julgado favoravelmente pelo CARF na sessão do dia 26 de março de 2019, por unanimidade de votos. Embora os conselheiros tenham seguido as conclusões do voto do Relator Conselheiro Pedro Rinaldi de Oliveira, foram adotados os fundamentos da declaração de voto do Conselheiro Marcelo Giovani Vieira.

Conforme analisado a seguir, o voto do Relator e as demais declarações de voto apresentadas foram muito bem fundamentadas pelos Conselheiros, que bem analisaram a impropriedade de se considerar a interposição fraudulenta no caso em concreto.

Passemos à análise dos principais pontos levantados pelos Conselheiros, que encontram respaldo na doutrina existente sobre o tema e sobre aquilo que vem sendo discutido ao longo desse trabalho.

O Relator (Conselheiro Pedro Rinaldi de Oliveira) inicia seu voto descrevendo o contexto em que surgiu a infração da interposição fraudulenta de terceiros que, conforme vimos, buscou evitar que o comércio exterior fosse utilizado como meio ao cometimento de fraudes. Partindo desse contexto histórico, pondera o Relator que a acusação do Fisco deve ser analisada de forma individualizada, a fim de verificar a ocorrência dos elementos necessários à configuração do ilícito:

---

[145] Conselho Administrativo de Recursos Fiscais. Acórdão nº 3201-005.152. Rel. Pedro Rinaldi de Oliveira. 2ª Câmara da 1ª Turma Ordinária da 3ª Seção de Julgamento, j. 26.03.2019, DJ 13.05.2019, p. 12. Disponível em: https://carf.fazenda.gov.br/sincon/public/pages/ConsultarJurisprudencia/listaJurisprudenciaCarf.jsf. Acesso em: 14 fev. 2019.

Em tese, a burocracia, a alta carga tributária, as exigências e requisitos, as responsabilidades e as conseqüências tributárias e criminais atribuídas solidariamente a todos os envolvidos nas operações de comércio exterior, levaram muitas empresas a ocultar o sujeito passivo real adquirente das mercadorias. A fraude no setor é uma realidade, principalmente porque a legislação ou não corresponde aos formatos comerciais de negócios internacionais ou propositadamente, foi criada para determinar limitações.

Esquemas fraudulentos de interposição de terceiros atingiram diversos países e se tornaram operações nocivas ao erário público, uma vez que menos tributos são recolhidos, além de interferir e criar competitividade desleal com os produtos internos (nacionais).

Por muitos motivos se justifica a atuação da fiscalização, mas é importante lembrar que a livre iniciativa é direito consagrado e pilar de um Estado Democrático de Direito, sob o regime Capitalista e, em observação a esta regra, assim como em preservação da segurança jurídica, toda situação apresentada como fraude ou crime tributário deve ser analisada de forma concreta e individualizada[146].

Especificamente em relação ao caso concreto, entendeu o Relator que a acusação do Fisco refere-se à modalidade comprovada da interposição fraudulenta, não se tratando da hipótese de presunção do artigo 23, inciso V, § 2º, do Decreto-lei nº 1.455/1976.

Tratando-se da modalidade comprovada, bem pontua o Relator no sentido de que o ônus da prova cabe ao Fisco, que deve comprovar as *conditio sine qua non* do tipo: ocorrência da ocultação mediante fraude ou simulação, sendo "necessário que esteja presente o elemento subjetivo do tipo (dolo)":

De forma lógica, se na capitulação dos fatos a autoridade fiscal não utilizou o conceito da "presunção", prevista no §2º, do Art 23 do DL 1455/76, a interposição fraudulenta somente poderá ser configurada se

---

[146] Conselho Administrativo de Recursos Fiscais. Acórdão nº 3201-005.152. Rel. Pedro Rinaldi de Oliveira. 2ª Câmara da 1ª Turma Ordinária da 3ª Seção de Julgamento, j. 26.03.2019, DJ 13.05.2019, p. 16. Disponível em: https://carf.fazenda.gov.br/sincon/public/pages/ConsultarJurisprudencia/listaJurisprudenciaCarf.jsf. Acesso em: 14 fev. 2019.

realmente forem comprovados os seguintes fatos, núcleos do tipo legal previsto no inciso V, § 1º, Art 23 do Decreto 1.455/76:

1 – a ocultação do real comprador;

2 – a fraude e simulação para tanto[147].

Tendo em vista que a matriz informou a existência da filial e das tradings no exterior em toda a documentação suporte à operação de exportação, não haveria que se falar em "ocultação do real adquirente". O trecho a seguir demonstra o entendimento do Relator a respeito do que poderia ser considerado interposição fraudulenta de terceiros na exportação:

> Neste contexto, *a operação comercial e a estrutura societária teria de causar ilusão e ter exagerada distinção entre a realidade e a aparência, ou seja, o interposto (filial) não teria real interesse nas importações/exportações e o reais adquirentes não poderiam "aparecer" nas operações.*
>
> No caso em concreto, todos os "reais adquirentes" são informados em todas obrigações acessórias, contabilidade, contratos e declarações e o "interposto" (filial) possui real interesse nas importações/exportações.
>
> Portanto, os "reais compradores" são aquelas Tradings informadas no infográfico acima.
>
> Logo, os "reais adquirentes" não foram ocultados, pois são aquelas pessoas jurídicas para as quais a própria filial vendeu as mercadorias no exterior. *Se não comprovado nenhum conluio entre as Tradings e o contribuinte, não é possível responsabilizá-lo pelas vendas que as Tradings realizaram*[148]. (grifos da autora)

---

[147] Conselho Administrativo de Recursos Fiscais. Acórdão nº 3201-005.152. Rel. Pedro Rinaldi de Oliveira. 2ª Câmara da 1ª Turma Ordinária da 3ª Seção de Julgamento, j. 26.03.2019, DJ 13.05.2019, p. 16. Disponível em: https://carf.fazenda.gov.br/sincon/public/pages/ConsultarJurisprudencia/listaJurisprudenciaCarf.jsf. Acesso em: 14 fev. 2019.

[148] Conselho Administrativo de Recursos Fiscais. Acórdão nº 3201-005.152. Rel. Pedro Rinaldi de Oliveira. 2ª Câmara da 1ª Turma Ordinária da 3ª Seção de Julgamento, j. 26.03.2019, DJ 13.05.2019, p. 17. Disponível em: https://carf.fazenda.gov.br/sincon/public/pages/ConsultarJurisprudencia/listaJurisprudenciaCarf.jsf. Acesso em: 14 fev. 2019.

Quanto ao argumento da RFB de que a venda das mercadorias pelas tradings ficaria à margem do controle aduaneiro, o Relator pontua justamente o que fora abordado anteriormente: "não há previsão legal para a exigência de apontamento dos possíveis 'clientes finais' em uma cadeia de comercialização transnacional de exportação".[149]

Como defendido acima, não pode a RFB acusar o contribuinte de interposição fraudulenta de terceiros por não ter prestado determinada informação, quando o sistema sequer possui campo destinado a tal dado. Apesar de tal conclusão padecer de obviedade, não são raros os casos em que a fiscalização parte da premissa do cometimento de irregularidade pelo contribuinte, sem sequer considerar os meios pelos quais poderia ele agir de maneira diversa.

Além disso, o Relator entende que não cabe falar em interposição no caso concreto, tendo em vista que a matriz e a filial pertencem à uma única empresa. Considerando que a interposição pressupõe a existência de uma pessoa jurídica diversa na cadeia de comércio exterior, "não há como considerar que a empresa é uma 'laranja' ou interposta de si mesma".[150]

Tal entendimento, como vimos, encontra respaldo na doutrina sobre o tema. Nesse sentido, Navarro[151] menciona que, a despeito da autonomia dos estabelecimentos para fins de ICMS, não haveria que se falar em interposição fraudulenta de terceiros quando a acusação se voltar para uma única entidade.

Quanto ao fato de a filial não possuir estrutura nem empregados no exterior e à alegação de "confusão" entre os estabelecimentos, o Relator

---

[149] Conselho Administrativo de Recursos Fiscais. Acórdão nº 3201-005.152. Rel. Pedro Rinaldi de Oliveira. 2ª Câmara da 1ª Turma Ordinária da 3ª Seção de Julgamento, j. 26.03.2019, DJ 13.05.2019, p. 17. Disponível em: https://carf.fazenda.gov.br/sincon/public/pages/ConsultarJurisprudencia/listaJurisprudenciaCarf.jsf. Acesso em: 14 fev. 2019.

[150] Conselho Administrativo de Recursos Fiscais. Acórdão nº 3201-005.152. Rel. Pedro Rinaldi de Oliveira. 2ª Câmara da 1ª Turma Ordinária da 3ª Seção de Julgamento, j. 26.03.2019, DJ 13.05.2019, p. 19. Disponível em: https://carf.fazenda.gov.br/sincon/public/pages/ConsultarJurisprudencia/listaJurisprudenciaCarf.jsf. Acesso em: 14 fev. 2019.

[151] NAVARRO, Carlos Eduardo. **Ocultação do Sujeito Passivo na Importação Mediante Interposição Fraudulenta de Terceiro**. 2016. p. 27. 71 f. Dissertação (mestrado em Direito Tributário) – Escola de Direito de São Paulo da Fundação Getulio Vargas. São Paulo. Disponível em: https://bibliotecadigital.fgv.br/dspace/bitstream/handle/10438/17401/NAVARRO%20-%2031.10.pdf?sequence=5&isAllowed=y. Acesso em: 06 fev. 2019.

entendeu que tais elementos, apesar de poderem ensejar outras irregularidades, não são suficientes a suportar a acusação de interposição fraudulenta:

> Ou seja, as assinaturas de empregados da matriz nas compras e vendas das mercadorias são uma aparente confusão de administração que poderia ter sido evitada, mas que não prejudica toda a operação da empresa e não configura simulação e nem fraude[152].

O argumento quanto à impossibilidade de venda entre matriz e filial também foi rebatido, uma vez que a legislação brasileira expressamente admite tal operação (artigos 19, § 9º, e 23 da Lei nº 9.430/1996).

Além disso, o Relator considerou suficientemente comprovadas as razões negociais para a existência da filial na venda de *commodities* no mercado futuro, de modo que se trata de "adiantamento que o contribuinte faz na exportação, dentro de sua própria empresa, filial e matriz como uma única personalidade jurídica".[153]

Portanto, diante da comprovada legitimidade da operação e da inexistência dos pressupostos à configuração da interposição fraudulenta, o Relator deu provimento ao Recurso Voluntário do contribuinte.

Conforme mencionado acima, apesar de terem seguido as conclusões do Relator, os demais Conselheiros adotaram como razões de decidir a declaração de voto do Conselheiro Marcelo Giovani Vieira (representante da Fazenda).

Tal declaração de voto parte da premissa de que não há qualquer ilicitude no modelo de negócio adotado entre matriz e filial, que segundo a fiscalização teria sido implementado para "atingir seus objetivos especulativos na venda de *commodities* e ainda auferir benefícios fiscais previstos para vendas com fim específico de exportação"[154]. Como bem

---

[152] Conselho Administrativo de Recursos Fiscais. Acórdão nº 3201-005.152. Rel. Pedro Rinaldi de Oliveira. 2ª Câmara da 1ª Turma Ordinária da 3ª Seção de Julgamento, j. 26.03.2019, DJ 13.05.2019, p. 20. Disponível em: https://carf.fazenda.gov.br/sincon/public/pages/ConsultarJurisprudencia/listaJurisprudenciaCarf.jsf. Acesso em: 14 fev. 2019.

[153] Conselho Administrativo de Recursos Fiscais. Acórdão nº 3201-005.152. Rel. Pedro Rinaldi de Oliveira. 2ª Câmara da 1ª Turma Ordinária da 3ª Seção de Julgamento, j. 26.03.2019, DJ 13.05.2019, p. 21. Disponível em: https://carf.fazenda.gov.br/sincon/public/pages/ConsultarJurisprudencia/listaJurisprudenciaCarf.jsf. Acesso em: 14 fev. 2019.

[154] Conselho Administrativo de Recursos Fiscais. Acórdão nº 3201-005.152. Rel. Pedro Rinaldi de Oliveira. 2ª Câmara da 1ª Turma Ordinária da 3ª Seção de Julgamento, j. 26.03.2019, DJ

colocado pelo Conselheiro, tanto os fins especulativos na venda de *commodities* como a fruição de benefícios fiscais na exportação são absolutamente lícitos.

Além disso, assim como reconhecido pelo Relator, o Conselheiro Marcelo Giovani Vieira reconheceu a substância da filial no exterior, de modo que restaram comprovadas as funções por ela exercidas e a sua importância para o negócio da empresa. Do mesmo modo, o fato de não haver "estrutura física" não a torna lícita, o que inclusive é corroborado pela legislação brasileira.

Assim, apesar de o Conselheiro reconhecer que a filial no exterior sem estrutura possa ensejar outros ilícitos (*e.g.*, como abuso de forma com possíveis impactos para o Imposto de Renda das Pessoas Jurídicas e a Contribuição Social Sobre o Lucro Líquido), não haveria impacto em termos aduaneiros:

> Embora a operação (filial formal no exterior) possa configurar abuso de forma, com possíveis consequências na apuração de IRPJ e CSLL, e relacionados aos contratos de ACC, o elemento doloso estaria na movimentação patrimonial da filial. Assim, a filial, mero instrumento formal para fins diversos, não poderia ter gerado receitas, custos, despesas, patrimônio, conforme a materialidade exigida pelo direito tributário. No entanto, essa discussão deve ser travada em eventuais autuações quanto ao IRPJ e CSLL, dissociada da discussão sobre malferimento do controle aduaneiro.
>
> [...]
>
> Assim, o elemento doloso, se existente, não está na ocultação de clientes, mas, eventualmente, na utilização da estrutura para manipulação de preços, receitas e custos.[155].

Prossegue o Conselheiro esclarecendo que a interposição fraudulenta pressupõe a existência do elemento subjetivo dolo, o que não foi

---

13.05.2019, p. 25. Disponível em: https://carf.fazenda.gov.br/sincon/public/pages/ConsultarJurisprudencia/listaJurisprudenciaCarf.jsf. Acesso em: 14 fev. 2019.

[155] Conselho Administrativo de Recursos Fiscais. Acórdão nº 3201-005.152. Rel. Pedro Rinaldi de Oliveira. 2ª Câmara da 1ª Turma Ordinária da 3ª Seção de Julgamento, j. 26.03.2019, DJ 13.05.2019, p. 27. Disponível em: https://carf.fazenda.gov.br/sincon/public/pages/ConsultarJurisprudencia/listaJurisprudenciaCarf.jsf. Acesso em: 14 fev. 2019.

comprovado no caso. Inclusive, há menção de que o Siscomex sequer permite a identificação dos "reais compradores" das mercadorias, de modo que somente a filial no exterior poderia figurar como importadora.

Portanto, concluiu o Conselheiro que, a despeito dos elementos do auto poderem ensejar potencias outros ilícitos, não se verificou a ocultação dolosa na operação de exportação, não havendo que se falar em configuração da infração prevista no artigo 23, inciso V do Decreto-lei nº 1.455/1976:

> Minha convicção (art. 29 do PAF), portanto, a partir dos elementos dos autos e da prática comercial internacional de commodities, é de que não havia *ocultação dolosa* de interveniente na operação de comércio exterior. O que havia é a organização de uma estrutura formal, que tem suas motivações próprias, e com possíveis e eventuais ilícitos em outros âmbitos, por eventual abuso de forma, como dito, mas que não revela o tipo infracional acusado, a *ocultação dolosa* dos clientes, que não transparece de tudo o que foi exposto[156]. (grifos do original)

O modo como o Conselheiro Marcelo Giovani Vieira expõe seu raciocínio é de extrema importância e certamente deverá guiar outros julgamentos atinentes à infração da interposição fraudulenta de terceiros.

Mesmo considerando o potencial lesivo da estrutura adotada pelo contribuinte e o potencial cometimento de outras infrações tributárias, agiu bem o Conselheiro em analisar detidamente se as condições necessárias à acusação de interposição fraudulenta estavam presentes no caso.

De fato, como se viu ao longo do trabalho, não são raros os casos em que o Fisco constrói uma narrativa a respeito da existência de um interposto na operação de comércio exterior, trazendo elementos que evidenciariam a suposta irregularidade da operação, tal como a coincidência de sócios entre entidades que atuam na cadeia de importação e distribuição de produtos.

Contudo, como bem considerado pelo Conselheiro, embora tais indícios possam de fato resultar em infrações tributárias, há de se avaliar

---

[156] Conselho Administrativo de Recursos Fiscais. Acórdão nº 3201-005.152. Rel. Pedro Rinaldi de Oliveira. 2ª Câmara da 1ª Turma Ordinária da 3ª Seção de Julgamento, j. 26.03.2019, DJ 13.05.2019, p. 27. Disponível em: https://carf.fazenda.gov.br/sincon/public/pages/ConsultarJurisprudencia/listaJurisprudenciaCarf.jsf. Acesso em: 14 fev. 2019.

em que medida a fiscalização trouxe elementos suficientes à caracterização da interposição fraudulenta. Tratando-se da modalidade comprovada, cabia à fiscalização demonstrar que houve ocultação, mediante fraude ou simulação, o que pressupõe a existência de dolo.

Não restando comprovado qualquer destes elementos, não há que se falar em interposição fraudulenta, devendo a fiscalização investigar possíveis outros atos lesivos ao fisco, aplicando-lhe as respectivas sanções previstas em lei.

Nesse contexto é que se defende que a ausência de informação quanto ao real adquirente da mercadoria (por exemplo, o encomendante), não deve ensejar necessariamente a configuração do ilícito da interposição fraudulenta. Não sendo demonstrado o dolo no cometimento da infração, a conduta deve ser apenada com as multas aplicáveis por inserção de informação incorreta em documentos[157], e não como interposição fraudulenta.

Do mesmo modo, nos casos em que a infração é de ordem tributária (i.e., falta de recolhimento de tributos), deveriam ser exigidos os respectivos valores com acréscimos legais, não havendo que se falar necessariamente em interposição fraudulenta.

Por fim, é importante mencionar que o Conselheiro Marcelo Giovani Vieira expressa o entendimento de que a infração de interposição fraudulenta independe da comprovação de dano ao erário que, contudo, não se confunde com a comprovação do dolo, que é indispensável:

> O dano é presumido quando há ocultação dolosa de interveniente no comércio exterior, cf. art. 23, caput, e inciso V, do Decretolei 1.455/76. Todavia, é necessário comprovar o dolo no tipo acusado, dolo na ocultação de interveniente no comércio exterior[158].

---

[157] Ressalte-se que, em relação às exportações, o Regulamento Aduaneiro prevê a aplicação da multa de 20% a 50% do valor das mercadorias no caso de fraude inequívoca quanto ao preço, peso, medida, classificação ou quantidade da mercadoria (artigo 718, inciso II, alínea "a"). A prestação de informações incorretas sem fraude e que possa ser imediatamente corrigida sequer é penalizada, de modo que o artigo 723 determina à autoridade aduaneira alertar o exportador sobre o equívoco e orientá-lo sobre a maneira correta de proceder.

[158] Conselho Administrativo de Recursos Fiscais. Acórdão nº 3201-005.152. Rel. Pedro Rinaldi de Oliveira. 2ª Câmara da 1ª Turma Ordinária da 3ª Seção de Julgamento, j. 26.03.2019, DJ 13.05.2019, p. 26. Disponível em: https://carf.fazenda.gov.br/sincon/public/pages/ConsultarJurisprudencia/listaJurisprudenciaCarf.jsf. Acesso em: 14 fev. 2019.

A questão do dano ao erário também foi abordada na declaração de voto firmada pela Conselheira Tatiana Josefovicz Belisário.

Segundo a Conselheira, as condutas elencadas pela legislação aduaneira como dano ao erário possuem potencial lesivo, de modo que buscam tutelar o controle das fronteiras e a soberania do Estado.

Contudo, tal análise deve ser adaptada à operação em questão. Tratando-se de exportação, entende a Conselheira que eventual dano ao erário ocorreria no caso de exportação para países com embargos, uma vez que neste caso estaria verificada potencial lesão à soberania do Estado.

No caso de exportação de *commodities*, não haveria qualquer dano ao erário, ainda que potencial. O trecho abaixo resume o posicionamento bem fundamentado da Conselheira:

> Contudo, considerando a realidade pátria, inexiste qualquer hipótese de que a exportação de comodities [sic] (altamente lucrativa para o país) possa ser danosa.
>
> Assim, em que pese a objetividade com que deve ser analisado o dano ao erário nas infrações aduaneiras, é necessário que o potencial de dano seja minimamente verossível [sic]. O dano ao erário, ainda que objetivo, não pode ser utópico.
>
> E, na hipótese dos autos, entendo que a Fiscalização não cuidou de demonstrar que a conduta do exportador pudesse ser capaz de gerar qualquer espécie de ameaça (potencial de dano) ao bem jurídico tutelado pela norma sancionatória (controle de fronteiras).
>
> Veja que a própria norma alegadamente infringida pelo contribuinte destaca que não é a mera ocultação do real comprador (conduta) que é capaz de atrair a punição. É preciso que esta seja realizada "mediante fraude ou simulação", posto que apenas a conduta fraudulenta ou simulada que tem, efetivamente, potencial de dano, é que pode ser sancionada.[159]

Assim, além da falta de provas quanto à ocorrência de fraude e simulação, a Conselheira menciona que seria necessária a análise do poten-

---

[159] Conselho Administrativo de Recursos Fiscais. Acórdão nº 3201-005.152. Rel. Pedro Rinaldi de Oliveira. 2ª Câmara da 1ª Turma Ordinária da 3ª Seção de Julgamento, j. 26.03.2019, DJ 13.05.2019, p. 28-29. Disponível em: https://carf.fazenda.gov.br/sincon/public/pages/ConsultarJurisprudencia/listaJurisprudenciaCarf.jsf. Acesso em: 14 fev. 2019.

cial de dano da conduta, "sem a qual esvazia-se o conteúdo da norma de caráter regulatório e sancionador".[160]

Conforme analisado ao longo do trabalho, a comprovação do efetivo dano ao erário é questão controversa e a jurisprudência do CARF tende a considerar que a configuração da interposição fraudulenta independe da efetiva comprovação do dano.

Contudo, verificou-se também que o STJ já se manifestou no sentido de que a aplicação da pena de perdimento decorrente do dano ao erário deve ser feita à luz do princípio da proporcionalidade, levando-se em consideração o valor do bem e o dano gerado pela infração.

Foi com base nesse raciocínio que o STJ determinou o cancelamento da multa de perdimento aplicada às mercadorias em trânsito que não haviam sido informadas no Siscomex. Apesar de tal omissão ser entendida como hipótese de dano ao erário, a pena de perdimento no caso foi entendida como desproporcional.

Sendo as hipóteses de dano ao erário meras presunções, entendemos que o argumento trazido pela Conselheira é absolutamente razoável e deve ser levado em consideração justamente na avaliação da proporcionalidade da pena de perdimento.

Ora, no caso das importações, parece-nos que a existência de potencial de dano ao erário é mais fácil de ser provada, seja para tutelar o interesse mais concreto (importação de bens sem a devida licença) e mais abstrato do Estado (conhecimento dos intervenientes da cadeia de importação de mercadoria nacionalizada e em circulação no território aduaneiro).

Entretanto, na exportação, tal análise é efetivamente mais complexa, sendo árdua a tarefa de imaginar hipótese de exportação de bem com potencial lesivo de dano ao erário que não envolva *(i)* ocultação do real vendedor (que pode ocultar-se para, por exemplo, vender mercadorias de origem ilícita) e *(ii)* a exportação de bens em operações controladas (*e.g.*, como no caso de exportação de bens sensíveis). Se considerarmos o princípio da territorialidade das leis e o âmbito de jurisdição da RFB,

---

[160] Conselho Administrativo de Recursos Fiscais. Acórdão nº 3201-005.152. Rel. Pedro Rinaldi de Oliveira. 2ª Câmara da 1ª Turma Ordinária da 3ª Seção de Julgamento, j. 26.03.2019, DJ 13.05.2019, p. 29. Disponível em: https://carf.fazenda.gov.br/sincon/public/pages/ConsultarJurisprudencia/listaJurisprudenciaCarf.jsf. Acesso em: 14 fev. 2019.

realmente parece haver maior dificuldade em presumir o dano ao erário nas exportações.

Por outro lado, não se pode deixar de considerar que o legislador trouxe a figura da interposição fraudulenta num mesmo dispositivo legal que abarca expressamente as importações quanto as exportações de mercadorias.

Assim, parece-nos que haveria possibilidade de se avaliar o potencial lesivo da infração cometida pelo contribuinte, tanto na importação quanto na exportação. Apesar de na importação a conclusão ser quase sempre positiva, parece-nos que na exportação pode haver casos em que de fato não se verifique qualquer potencial lesivo, tendo em vista que, uma vez exportada, careceria o Fisco de interesse no monitoramento do destino dos bens, exceto os casos excepcionais já analisados.

Tal entendimento sobre os limites da jurisdição aduaneira foi tangenciado pelo Conselheiro Laércio Cruz Uliana Junior, cuja declaração de voto é no sentido de que a fiscalização teria extrapolado seus limites jurisdicionais.

De acordo com o Conselheiro, sendo a exportação feita com o Incoterm FOB (*"free on board"*), a responsabilidade da empresa exportadora é limitada à entrega das mercadorias no porto de saída, de modo que após este ponto a importadora pode dispor dos produtos como bem entender. Assim, a RFB estaria extrapolando as suas funções ao pretender o controle das etapas posteriores à venda da mercadoria ao importador:

> Nesse passo, ao utilizar o FOB, o limite da empresa Brasileira é de entregar os produtos no Porto de saída, podendo à adquirente (Cargill TURKS AND CAICOS), fazer qualquer negócio com esse produto. Caso contrário, estaria à Fiscalização Brasileira indo além de seus limites jurisdicionais, me parece, que a Aduana quer impor o mesmo modelo societário Brasileiro ao de outros Estados[161].

Novamente, concordamos com o entendimento adotado pelo Conselheiro. Conforme já colocado acima, parece-nos que, em situações

---

[161] Conselho Administrativo de Recursos Fiscais. Acórdão nº 3201-005.152. Rel. Pedro Rinaldi de Oliveira. 2ª Câmara da 1ª Turma Ordinária da 3ª Seção de Julgamento, j. 26.03.2019, DJ 13.05.2019, p. 31. Disponível em: https://carf.fazenda.gov.br/sincon/public/pages/ConsultarJurisprudencia/listaJurisprudenciaCarf.jsf. Acesso em: 14 fev. 2019.

regulares, careceria a RFB de interesse e jurisdição em exigir o desdobramento de toda a cadeia comercial da mercadoria exportada, até que chegue ao destinatário final.

Tal entendimento, somado à ausência de provas quanto ao dolo do contribuinte, fundamentaram a declaração de voto do Conselheiro pelo cancelamento do auto de infração.

Como se vê, cada um dos Conselheiros elencou os elementos que considerou mais relevante para o deslinde da controvérsia.

Contudo, todos eles convergiram a respeito de um ponto essencial: a interposição fraudulenta de terceiros pressupõe a ocorrência de fraude ou simulação, que por sua vez exige a comprovação do dolo do agente. Não tendo sido comprovado o dolo, não há que se falar em configuração da infração, a despeito de qualquer outro argumento ou indício trazido pela fiscalização.

A nosso ver, tal precedente do CARF é de extrema importância, não só por ter inaugurado a discussão da interposição fraudulenta nas exportações, como também pela cuidadosa análise dos julgadores. Não só foram considerados os elementos necessários à configuração do tipo infracional, como também foram sopesadas as práticas de mercado dos contribuintes.

Espera-se que o CARF adote essa mesma postura em outros casos sobre o tema, evitando que a acusação da interposição fraudulenta seja utilizada como meio de satisfazer os anseios arrecadatórios do Estado, ao invés de ferramenta no combate às fraudes.

Conclusões

A interposição fraudulenta de terceiros foi criada a fim de combater e prevenir o cometimento de fraudes nas operações de comércio exterior. Sua criação deu-se no contexto de regulamentação das modalidades indiretas de importação (mais especificamente da importação por conta e ordem), que tinham como objetivo propiciar maior controle das operações de comércio exterior e combater planejamentos tributários considerados abusivos.

A redação conferida ao tipo infracional não se afasta das origens e do objetivo do legislador: combate-se a interposição fraudulenta de terceiros na importação e na exportação, ocorrida "mediante fraude ou simulação".

Portanto, conclui-se que a interposição fraudulenta não comporta a figura "culposa", mas tão somente aquela ocorrida com intuito doloso do agente, que na grande maioria das vezes busca esquivar-se do controle aduaneiro por motivos escusos, inclusive criminais.

Assim, excetuada a hipótese de interposição fraudulenta presumida (quando não comprovada a origem, disponibilidade e transferência dos recursos empregados), cabe à fiscalização o ônus de provar a ocorrência de interposição fraudulenta de terceiros (com a respectiva identificação dos envolvidos) e o intuito doloso do agente que agiu mediante fraude ou simulação. Não havendo prova da fraude ou da simulação, não há que se falar em interposição fraudulenta.

Apesar do tipo infracional prever a ocorrência da infração tanto na importação quanto na exportação das mercadorias, a maioria absoluta dos autos de infração lavrados pela RFB tratam da interposição fraudulenta nas importações. A princípio, tal constatação seria justificada pelo maior e mais intenso controle aduaneiro exercido nestas operações quando em comparação com as exportações.

Contudo, parte dos autos de infração decorre da prática nefasta que vem sendo adotada pela fiscalização para desqualificar a modalidade de importação adotada e justificar a acusação de interposição fraudulenta e a pena de perdimento das mercadorias.

São os mais diversos elementos adotados pela fiscalização para considerar que a importação direta deveria ter sido declarada como por encomenda, como por exemplo o prévio conhecimento do adquirente. Contudo, como pretendeu-se analisar ao longo deste estudo, tais acusações geralmente carecem de fundamentação legal, seja por adotarem critérios não previstos na lei, seja pela imputação automática da interposição fraudulenta que, como vimos, exige prova incontroversa da ocorrência da fraude e da simulação.

Do mesmo modo, não são raros os casos em que a acusação das autoridades fiscais reside na inadequação da operação do contribuinte às modalidades de importação previstas na legislação (i.e., importação direta, por encomenda e por conta e ordem de terceiros).

Nesses casos, a despeito da ausência de qualquer intuito doloso, a operação é qualificada como fraudulenta em razão da interposição de terceiros, sujeitando as empresas que agiram em estrita boa-fé a graves sanções aduaneiras e, por vezes, criminais.

Sem prejuízo do foco nas importações, mais recentemente a RFB tem se voltado ao combate às fraudes também na exportação, principalmente em estruturas triangulares ou *back to back*. Até o momento da conclusão deste trabalho, apenas um caso havia sido analisado pelo CARF, que cancelou o auto de infração por não ter sido comprovada a ocorrência da fraude ou da simulação nas operações de exportação.

De fato, na exportação, a avaliação dos elementos do tipo infracional parece ser feita com mais cautela, tendo em vista que a acusação é meramente aduaneira, não havendo, como regra geral, impactos tributários. Contudo, lembremos que o tipo infracional é único, de modo que a mesma análise e cautela devem ser adotadas para avaliar a ocorrência da interposição fraudulenta tanto na importação, quanto na exportação.

CONCLUSÕES

Independentemente da operação objeto de fiscalização, é essencial que as autoridades ajam no estrito limite da lei, não só em respeito ao princípio da legalidade, como também para evitar que o controle aduaneiro se torne um obstáculo intransponível ao desenvolvimento das atividades econômicas. A fiscalização e o controle são absolutamente necessários, desde que realizados à luz dos seus objetivos genuínos, e não com fins meramente arrecadatórios e nefastos à economia do País.

Por fim, como sugestão para legisladores, juristas e outros interessados no tema, propõe-se a reflexão sobre em que medida a regulamentação restrita das modalidades de importação e exportação não tem causado mais prejuízos do que benefícios à sociedade, a despeito de sua criação ter surgido no contexto de combate a fraudes no comércio exterior.

Num mundo em que o comércio transacional é uma realidade e o incremento da complexidade das transações é crescente, não nos parece que o legislador deva (e consiga) antecipar e delimitar os diferentes modelos de negócio, sob pena de condenar a legislação ao status de entrave permanente ao desenvolvimento das relações econômicas.

REFERÊNCIAS

ARAÚJO, Carlos. Importação por encomenda: o que mudou (para melhor). Comex Blog. Disponível em: https://www.comexblog.com.br/importacao/importacao-por-encomenda-o-que-mudou-para-melhor/. Acesso em: 01 jul. 2020.

BARBIERI, Luís Eduardo Garrossino. Interposição Fraudulenta de Pessoas: Tipicidade da Infração e a Necessidade da Comprovação do Dolo. *In:* BRITTO, Demes (org.). **Questões Controvertidas do Direito Aduaneiro.** São Paulo: IOB Folhamatic EBS – SAGE, 2014. p. 413-432.

BATISTI, Gabriel Miranda. Limites para aplicação da pena de perdimento de mercadorias no contexto de estruturas de planejamento tributário internacional. **Decisões.** 2017. Disponível em: http://www.decisoes.com.br/v29/index.php?fuseaction=home.mostra_artigos_boletins&id_conteudo=368610. Acesso em: 12 mai. 2019.

BEZERRA, Eduardo Navarro; ULIANA JR, Laércio Cruz Uliana. Importação por Conta e Ordem de Terceiros: Teoria e Prática. *In:* BRITO, Demes (org.). **Questões Controvertidas do Direito Aduaneiro.** São Paulo: IOB Folhamatics EBS – SAGE, 2014. p. 123-133.

BRASIL. Receita Federal do Brasil. Alterada instrução normativa que trata sobre importações por encomenda e por conta e ordem de terceiros. Disponível em http://receita.economia.gov.br/noticias/ascom/2020/abril/alterada-instrucao-normativa-que-trata-sobre-importacoes-por-encomenda-e-por-conta-e-ordem-de-terceiros. Acesso em: 01 jul. 2020.

BRASIL. Portal único do comércio exterior. Perguntas Frequentes sobre exportação. Disponível em: http://www.siscomex.gov.br/informacoes/perguntas-frequentes/exportacao/. Acesso em: 01 jul. 2020.

BRASIL. Receita Federal do Brasil. Introdução. Disponível em: http://receita.economia.gov.br/orientacao/aduaneira/manuais/despacho-de-importacao/topicos-1/importacao-por-conta-e-ordem-e-importacao-por-encomenda-1/introducao. Acesso em: 19 abr. 2019.

BRASIL. Receita Federal do Brasil. O que é a Importação por Conta e Ordem. Disponível em: http://receita.economia.gov.br/orientacao/aduaneira/manuais/despacho-de-importacao/topicos-1/importacao-por-conta-e-ordem-e-importacao-por-encomenda-1/importacao-por-conta-e-ordem/o-que-e-a-importacao-por-conta-e-ordem. Acesso em: 24 abr. 2019.

BRASIL. Receita Federal do Brasil. O que é a Importação por Encomenda. Disponível em http://receita.economia.gov.br/orientacao/aduaneira/manuais/despacho-de-importacao/topicos-1/importacao-por-conta-e-ordem-e-importacao-por-encomenda-1/importacao-por-encomenda/o-que-e-a-importacao-por-encomenda. Acesso em: 24 abr. 2019.

BRASIL. Receita Federal do Brasil. Receita incrementa atuação no combate aos Planejamentos Tributários Abusivos. Disponível em: http://receita.economia.gov.br/sobre/acoes-e-programas/operacao-deflagrada/arquivos-e-imagens/nota-planejamento-tributario-triangulacao-nas-exportacoes.pdf. Acesso em: 19 abr. 2019.

BREDA, Felippe Alexandre Ramos. A Infração Aduaneira Conhecida como Interposição Fraudulenta de Terceiros. *In:* BRITO, Demes. (org.). **Questões Controvertidas do Direito Aduaneiro.** São Paulo: IOB Folhamatics EBS – SAGE, 2014. p. 357-380.

BREDA, Felippe Alexandre Ramos. O Descaminho Enquanto Infração Aduaneira de Natureza Fiscal. *In:* BRITO, Demes. (org.). **Temas Atuais do Direito Aduaneiro Brasil e Notas sobre o Direito Internacional.** São Paulo: IOB, 2012. p. 263-279.

CASEIRO, Marcos Paulo; GALEGO, Marco Antonio. *Transfer Pricing* nas Operações *Back to Back*. *In:* BRITO, Demes. (org.). **Questões Controvertidas do Direito Aduaneiro.** São Paulo: IOB Folhamatics EBS – SAGE, 2014. p. 163-181.

CASTILHO, Marta Reis. Impacto de Mudanças do Comércio Exterior Brasileiro sobre o Emprego Feminino. **Análise Econômica.** Porto Alegre, ano 28, n. 53, mar. 2010. p. 221-250.

DOMINGO, Luiz Roberto. Infração Aduaneira sem Prática de Ilícito. *In:* BRITO, Demes (org.). **Questões Controvertidas do Direito Aduaneiro.** São Paulo: IOB Folhamatics EBS – SAGE, 2014. p. 497-511.

DONADON, Natan. Exposição de Motivos à Medida Provisória nº 267 de 2005. 5 dez. 2005. *Site* do Câmara. Disponível em: https://www.camara.leg.br/proposicoesWeb/prop_mostrarintegra? codteor=366203&filename=Tramitacao-EMC+6/ 2005+MPV26705+%3D%3E+MPV+267/2005. Acesso em: 18 abr. 2019.

FERNANDES, Adriana; SERAPIÃO, Fabio. Receita mira fraude em exportação. **Portal Terra**, 23 dez. 2018. Disponível em: https://www.terra.com.br/economia/receita-mira-fraude-em-exportacao,a63e21f2eb56fd510de6a5b3baaba91fcq1698ux.html. Acesso em: 19 abr. 2019.

FRENKEL, Jorge. Jurisdição Aduaneira *In:* BRITO, Demes (org.). **Temas Atuais do Direito Aduaneiro Brasil e Notas sobre o Direito Internacional.** São Paulo: IOB, 2012. p. 39-51.

GONÇALVES, Carlos Roberto. **Direito Civil Brasileiro**: *parte geral.* 8. ed. São Paulo: Saraiva, 2010. v. I.

LIMA, Mônica. A Questão da Interposição de Pessoas nas Operações de Importação – Inexistência de Presunção Absoluta em Favor do Fisco. O Caso Mobilitá – Casa & Vídeo. *In:* ANAN JR., Pedro. **Planejamento Fiscal** – Análise de Casos. São Paulo: Quartier Latin, 2013. v. III. p. 663-688.

LUZ, Rodrigo. **Comércio Internacional e Legislação Aduaneira.** 6. ed. Rio de Janeiro: Forense, 2015.

MALAN, Pedro Sampaio. Exposição de Motivos à Medida Provisória nº 66 de 2002. 29 ago. 2002. *Site* do Planalto. Disponível em: http://www.planalto.gov.br/ccivil_03/Exm/2002/211-MF-02.htm. Acesso em: 21 abr. 2019.

MACHADO, Alessandra; SILBIGER, Marcelle. Brazil. *In:* WorldECR – Dual-use Export Controls in International Transit and Transhipment. London: D.C. Houghton Ltd, 2017, p. 11-17.

MENDES, Guilherme. Carf anula multa de R$ 10 bilhões contra a Cargill. **JOTA.** Disponível em: https://www.jota.info/tributos-e-empresas/tributario/carf-multa-cargill-27032019. Acesso em: 23 mai. 2019.

MOREIRA JR, Gilberto de Castro; MIGLIOLI, Maristela Ferreira. Interposição Fraudulenta de Terceiros nas Operações de Comércio Exterior. *In:* BRITO, Demes (org.). **Questões Controvertidas do Direito Aduaneiro.** São Paulo: IOB Folhamatics EBS – SAGE, 2014. p. 381-312.

NASPOLINI, Samyr. Relevação e Redução das Multas. *In:* BRITO, D. (org.). **Questões Controvertidas do Direito Aduaneiro.** São Paulo: IOB Folhamatics EBS – SAGE, 2014. p. 570-585.

NAVARRO, Carlos Eduardo. **Ocultação do Sujeito Passivo na Importação Mediante Interposição Fraudulenta de Terceiro.** 2016. 71 f. Dissertação (mestrado em Direito Tributário) – Escola de Direito de São Paulo da Fundação Getulio Vargas. São Paulo. Disponível em: https://bibliotecadigital.fgv.br/dspace/bitstream/handle/10438/17401/NAVARRO%20-%2031.10.pdf?sequence=5&isAllowed=y. Acesso em: 06 fev. 2019.

ORGANIZAÇÃO DAS NAÇÕES UNIDAS – BRASIL (ONU Brasil). Aumenta peso das commodities para economia do Brasil, revela relatório da ONU. Disponível em: https://nacoesunidas.org/aumenta-peso-das-commodities-para-economia-do-brasil-revela-relatorio-da-onu/. Acesso em: 22 mai. 2019.

PORTAL ÚNICO SISCOMEX. Manual de preenchimento da declaração única de exportação – DU-E. Disponível em: http://portal.siscomex.gov.br/informativos/manuais/Manualde PreenchimentoTelasDUEv13.pdf. Acesso em: 23 mai. 2019.

RUSSO, Douglas Mangini. **Modalidades de Contratos de Importação para Terceiros**. 2017. Projeto de Pesquisa apresentado ao Mestrado Profissional da FGV Direito. São Paulo. Disponível em: https://direitosp.fgv.br/sites/direitosp.fgv.br/files/douglas_mangini_russo.pdf. Acesso em: 19 abr. 2019.

SAAVEDRA, Luis Alberto. **Interposição Fraudulenta – em busca de um conceito**. Revista de Doutrina da 4ª Região, Porto Alegre, n. 36, jun. 2010. Disponível em: http://revistadoutrina.trf4.jus.br/index.htm?http://revistadoutrina.trf4.jus.br/artigos/edicao036/luis_saavedra.html. Acesso em: 23 fev. 2019.

SARTORI, Ângela; DOMINGO, LUIZ ROBERTO. Dano ao Erário pela Ocultação Mediante Fraude – A Interposição Fraudulenta de Terceiros nas Operações de Comércio Exterior. *In*: PEIXOTO, Marcelo Magalhães; SARTORI, Ângela; DOMINGO, LUIZ ROBERTO. **Tributação Aduaneira:** à luz da jurisprudência do CARF – Conselho Administrativo de Recursos Fiscais. São Paulo: MP, 2013. p. 53-68.

SARTORI, Ângela. A Importância do Planejamento Tributário e Empresarial nas Importações e o Delito da Interposição Fraudulenta de Terceiros. *In*: ANAN JR., Pedro. **Planejamento Fiscal** – Análise de Casos. São Paulo: Quartier Latin, 2013. v. III. p. 95-110.

SILVA, Daniel Souza Santiago da. Interposição Fraudulenta. *In*: SANTI, Eurico Martins de. *et al*. (org.). **Relatório Analítico de Jurisprudência do CARF.** São Paulo: FGV Direito SP e Max Limonad, 2016. p. 744-762.

SILVA JR., Bernardo Alves. A interposição fraudulenta de terceiros presumida e a controvérsia sobre a aplicação da penalidade de inaptidão do CNPJ após o advento da Lei 11.488/07. **Migalhas.** 3 nov. 2011. Disponível em: https://www.

migalhas.com.br/dePeso/16,MI144420,31047-A+ interposicao+fraudulenta+de+terceiros+presumida+e+a+controversia. Acesso em: 04 mar. 2019.

Souza, Edino Cezar Franzio de. **A Fraude à Lei no Direito Tributário Brasileiro.** FISCOSOFT. Disponível em http://www.fiscosoft.com.br/main_online_frame.php?page=/index.php?PID=110238&key=2241519. Acesso em 28 abr. 2019.

Stahl, Sidney. Tributação da Operação *Back to Back*. *In:* Peixoto, Marcelo Magalhães; Sartori, Ângela; Domingo, Luiz Roberto. **Tributação Aduaneira:** à luz da jurisprudência do CARF – Conselho Administrativo de Recursos Fiscais. São Paulo: MP, 2013. p. 269-281.

Tamanini, Margarete. O Fundap bem explicado. **Comex Blog.** Disponível em: https://www.comexblog.com.br/beneficios-fiscais/o-fundap-bem-explicado/. Acesso em: 12 abr. 2019.

REFERÊNCIAS LEGISLATIVAS

BRASIL. Lei nº 4.502, de 30 de novembro de 1964. Dispõe Sobre o Imposto de Consumo e reorganiza a Diretoria de Rendas Internas. **Palácio do Planalto Presidência da República,** Brasília, DF, 30 nov. 1964. Disponível em: http://www.planalto.gov.br/ccivil_03/LEIS/L4502.htm. Acesso em: 31 ago. 2019.

BRASIL. Código Tributário Nacional (1966). Lei nº 5.172, de 25 de outubro de 1966. Dispõe sobre o Sistema Tributário Nacional e institui normas gerais de direito tributário aplicáveis à União, Estados e Municípios. **Palácio do Planalto Presidência da República**, Brasília, DF, 25 out. 1966. Disponível em: http://www.planalto.gov.br/ccivil_03/leis/l5172.htm. Acesso em: 14 fev. 2019.

BRASIL. Lei nº 9.112, de 10 de outubro de 1995. Dispõe sobre a exportação de bens sensíveis e serviços diretamente vinculados. **Palácio do Planalto Presidência da República**, Brasília, DF, 11 out. 1995. Disponível em: http://www.planalto.gov.br/ccivil_03/LEIS/L9112.htm. Acesso em: 31 ago. 2019.

BRASIL. Lei nº 9.430, de 27 de dezembro de 1996. Dispõe sobre a legislação tributária federal, as contribuições para a seguridade social, o processo administrativo de consulta e dá outras providências. **Palácio do Planalto Presidência da República**, Brasília, DF, 27 dez. 1996. Disponível em: http://www.planalto.gov.br/ccivil_03/leis/l9430.htm. Acesso em: 04 fev. 2019.

BRASIL. Código Civil (2002). Lei no 10.406, de 10 de janeiro de 2002. Institui o Código Civil. **Palácio do Planalto Presidência da República**, Brasília, DF, 10 jan. 2002. Disponível em: http://www.planalto.gov.br/ccivil_03/leis/2002/l10406.htm. Acesso em: 14 fev. 2019.

BRASIL. Lei no 10.637, de 30 de dezembro de 2002. Dispõe sobre a não-cumulatividade na cobrança da contribuição para os Programas de Integração Social (PIS) e de Formação do Patrimônio do Servidor Público (Pasep), nos casos que especifica; sobre o pagamento e o parcelamento de débitos tributários federais, a compensação de créditos fiscais, a declaração de inaptidão de inscrição de pessoas jurídicas, a legislação aduaneira, e dá outras providências. **Palácio do Planalto Presidência da República,** Brasília, DF, 30 dez. 2002. Disponível em: http://www.planalto.gov.br/ccivil_03/LEIS/2002/L10637.htm. Acesso em: 04 fev. 2019.

BRASIL. Lei nº 11.281, de 20 de fevereiro de 2006. Altera dispositivos da Lei nº 6.704, de 26 de outubro de 1979, que dispõe sobre o seguro de crédito à exportação; autoriza cobranças judiciais e extrajudiciais de créditos da União, no exterior, decorrentes de sub-rogações de garantias de seguro de crédito à exportação honradas com recursos do Fundo de Garantia à Exportação – FGE e de financiamentos não pagos contratados com recursos do Programa de Financiamento às Exportações – PROEX e do extinto Fundo de Financiamento à Exportação – FINEX; altera o Decreto-Lei nº 37, de 18 de novembro de 1966; revoga a Lei nº 10.659, de 22 de abril de 2003; e dá outras providências. **Palácio do Planalto Presidência da República,** Brasília, DF, 21 fev. 2006. Disponível em: http://www.planalto.gov.br/ccivil_03/_Ato2004-2006/2006/Lei/L11281.htm. Acesso em: 31 ago. 2019.

BRASIL. Lei nº 11.488, de 15 de junho de 2007. Cria o Regime Especial de Incentivos para o Desenvolvimento da Infraestrutura – REIDI; reduz para 24 (vinte e quatro) meses o prazo mínimo para utilização dos créditos da Contribuição para o PIS/Pasep e da Contribuição para o Financiamento da Seguridade Social – COFINS decorrentes da aquisição de edificações; amplia o prazo para pagamento de impostos e contribuições; altera a Medida Provisória nº 2.158-35, de 24 de agosto de 2001, e as Leis n°s 9.779, de 19 de janeiro de 1999, 8.212, de 24 de julho de 1991, 10.666, de 8 de maio de 2003, 10.637, de 30 de dezembro de 2002, 4.502, de 30 de novembro de 1964, 9.430, de 27 de dezembro de 1996, 10.426, de 24 de abril de 2002, 10.833, de 29 de dezembro de 2003, 10.892, de 13 de julho de 2004, 9.074, de 7 de julho de 1995, 9.427, de 26 de dezembro de 1996, 10.438, de 26 de abril de 2002, 10.848, de 15 de março de 2004, 10.865, de 30 de abril de 2004, 10.925, de 23 de julho de 2004, 11.196, de 21 de novembro de 2005; revoga dispositivos das Leis n°s 4.502, de 30 de novembro de 1964, 9.430, de 27 de dezembro de 1996, e do Decreto-Lei nº 1.593, de 21 de dezembro de 1977;

REFERÊNCIAS LEGISLATIVAS

e dá outras providências. **Palácio do Planalto Presidência da República,** Brasília, DF, 15 jun. 2007. Disponível em: http://www.planalto. gov.br/ ccivil_03/_ato2007-2010/2007/lei/l11488.htm. Acesso em: 04 fev. 2019.

BRASIL. Lei nº 12.995, de 18 de junho de 2014. Prorroga o prazo para a destinação de recursos aos Fundos Fiscais de Investimentos, altera a legislação tributária federal; altera as Leis nºs 8.167, de 16 de janeiro de 1991, 10.865, de 30 de abril de 2004, 12.350, de 20 de dezembro de 2010, 12.546, de 14 de dezembro de 2011, 12.859, de 10 de setembro de 2013, 9.818, de 23 de agosto de 1999, 11.281, de 20 de fevereiro de 2006, 12.649, de 17 de maio de 2012, 12.402, de 2 de maio de 2011, 11.442, de 5 de janeiro de 2007, 9.718, de 27 de novembro de 1998, 12.865, de 9 de outubro de 2013, 12.599, de 23 de março de 2012, 11.941, de 27 de maio de 2009, e 12.249, de 11 de junho de 2010; altera as Medidas Provisórias nºs 2.158-35, de 24 de agosto de 2001, e 2.199-14, de 24 de agosto de 2001; revoga dispositivos do Decreto-Lei nº 1.437, de 17 de dezembro de 1975, e das Leis nºs 11.196, de 21 de novembro de 2005, 4.502, de 30 de novembro de 1964, 11.488, de 15 de junho de 2007, e 10.833, de 29 de dezembro de 2003; e dá outras providências. **Palácio do Planalto Presidência da República**, Brasília, DF, 20 jun. 2014. Disponível em: http://www.planalto.gov.br/ccivil_03/_Ato2011-2014/2014/Lei/L12995.htm. Acesso em 31 ago. 2019.

BRASIL. Medida Provisória nº 66, de 29 de agosto de 2002. Dispõe sobre a não cumulatividade na cobrança da contribuição para os Programas de Integração Social (PIS) e de Formação do Patrimônio do Servidor Público (Pasep), nos casos que especifica; sobre os procedimentos para desconsideração de atos ou negócios jurídicos, para fins tributários; sobre o pagamento e o parcelamento de débitos tributários federais, a compensação de créditos fiscais, a declaração de inaptidão de inscrição de pessoas jurídicas, a legislação aduaneira, e dá outras providências. **Palácio do Planalto Presidência da República**, Brasília, DF, 29 ago. 2002. Disponível em: http://www.planalto. gov.br/ccivil_03/MPV/Antigas_2002/66.htm. Acesso em: 04 fev. 2019.

BRASIL. Medida Provisória nº 2.158-35, de 24 de agosto de 2001. Altera a legislação das Contribuições para a Seguridade Social - COFINS, para os Programas de Integração Social e de Formação do Patrimônio do Servidor Público - PIS/PASEP e do Imposto sobre a Renda, e dá outras providências. **Palácio do Planalto Presidência da República,** Brasília, DF, 27 ago. 2001. Disponível em: http://www.planalto.gov.br/ccivil_03/mpv/2158-35.htm. Acesso em: 31 ago. 2019.

BRASIL. Plano Anual da Fiscalização – 2019. Plano Anual da Fiscalização da Secretaria da Receita Federal do Brasil para o ano-calendário de 2019: quantidade, principais operações fiscais e valores esperados de recuperação de crédito tributário e resultados de 2018. **Receita Federal do Brasil.** Disponível em: http://receita.economia.gov.br/dados/resultados/fiscalizacao/arquivos-e-imagens/2019_ 05_06-plano-anual-de-fiscalizacao-2019.pdf. Acesso em: 22 mai. 2019.

BRASIL. Decreto nº 70.235, de 6 de março de 1972. Dispõe sobre o processo administrativo fiscal, e dá outras providências. **Palácio do Planalto Presidência da República**, Brasília, DF, 7 mar. 1972. Disponível em: http://www.planalto.gov.br/ccivil_03/decreto/D70235cons.htm. Acesso em: 31 ago. 2019.

BRASIL. Decreto-lei nº 1.455, de 7 de abril de 1976. Dispõe sobre bagagem de passageiro procedente do exterior, disciplina o regime de entreposto aduaneiro, estabelece normas sobre mercadorias estrangeiras apreendidas e dá outras providências. **Palácio do Planalto Presidência da República,** Brasília, DF, 7 abr. 1976. Disponível em: http://www.planalto.gov.br/ccivil_ 03/decreto-lei/del1455.htm. Acesso em: 04 fev. 2019.

BRASIL. Decreto nº 660, de 25 de setembro de 1992. Institui o Sistema Integrado de Comércio Exterior – SISCOMEX. **Palácio do Planalto Presidência da República,** Brasília, DF, 28 set. 1992. Disponível em: http://www.planalto.gov.br/ccivil_03/decreto/1990-1994/D0660.htm. Acesso em: 31 ago. 2019.

BRASIL. Decreto nº 1.861, de 12 de abril de 1996. Regulamenta a exportação de bens sensíveis e serviços diretamente vinculados, de que trata a Lei nº 9.112, de 10 de outubro de 1995. **Palácio do Planalto Presidência da República,** Brasília, DF, 15 abr. 1996. Disponível em: http://www.planalto.gov.br/ccivil_03/decreto/1996/D1861.htm. Acesso em: 31 ago. 2019.

BRASIL. Decreto nº 4.775, de 9 de julho de 2003. Dispõe sobre a execução no Território Nacional da Resolução 1.483, de 22 de maio de 2003, do Conselho de Segurança das Nações Unidas, que modifica o regime de sanções contra o Iraque. **Palácio do Planalto Presidência da República**, Brasília, DF, 5 fev. 2009. Disponível em: http://www.planalto.gov.br/ccivil_03/decreto/2003/D4775.htm. Acesso em: 31 ago. 2019.

BRASIL. Regulamento Aduaneiro (2009). Decreto nº 6.759, de 5 de fevereiro de 2009. Regulamenta a administração das atividades aduaneiras, e a fiscalização, o controle e a tributação das operações de comércio exterior. **Palácio do Planalto Presidência da República**, Brasília, DF, 5 fev. 2009. Disponível em: http://www.planalto.gov.br/ccivil_03/leis/l5172.htm. Acesso em: 04 fev. 2019.

BRASIL. Decreto nº 7.212, de 15 de junho de 2010. Regulamenta a cobrança, fiscalização, arrecadação e administração do Imposto sobre Produtos Industrializados – IPI. **Palácio do Planalto Presidência da República,** Brasília, DF, 16. jun. 2010. Disponível em: http://www.planalto.gov.br/ccivil_03/_ato2007-2010/2010/decreto/d7212.htm. Acesso em: 31 ago. 2019.

BRASIL. Instrução Normativa RFB nº 228, de 21 de outubro de 2002. Dispõe sobre procedimento especial de verificação da origem dos recursos aplicados em operações de comércio exterior e combate à interposição fraudulenta de pessoas. **Receita Federal do Brasil,** Brasília, DF, 21 out. 2002. Disponível em: http://normas.receita.fazenda.gov.br/sijut2consulta/link.action?visao= anotado&idAto=15103. Acesso em: 04 fev. 2019.

BRASIL. Instrução Normativa RFB nº 1.169, de 29 de junho de 2011. Estabelece procedimentos especiais de controle, na importação ou na exportação de bens e mercadorias, diante de suspeita de irregularidade punível com a pena de perdimento. **Receita Federal do Brasil,** Brasília, DF, 29 jun. 2011. Disponível em: http://normas.receita.fazenda.gov.br/sijut2consulta/link.action?visao= anotado&idAto=16141. Acesso em: 04 fev. 2019.

BRASIL. Instrução Normativa RFB nº 1.312 de 28 de dezembro de 2012. Dispõe sobre os preços a serem praticados nas operações de compra e de venda de bens, serviços ou direitos efetuadas por pessoa física ou jurídica residente ou domiciliada no Brasil, com pessoa física ou jurídica residente ou domiciliada no exterior, consideradas vinculadas. **Receita Federal do Brasil,** Brasília, DF, 28 dez. 2012. Disponível em: http://normas.receita.fazenda.gov.br/sijut2consulta/link.action?idAto= 39257&visao=anotado. Acesso em: 04 fev. 2019.

BRASIL. Instrução Normativa RFB nº 1.603, de 15 de dezembro de 2015. Estabelece procedimentos de habilitação de importadores, exportadores e internadores da Zona Franca de Manaus para operação no Sistema Integrado de Comércio Exterior (Siscomex) e de credenciamento de seus representantes para a prática de atividades relacionadas ao despacho aduaneiro. **Receita Federal do Brasil,** Brasília, DF, 15 dez. 2015. Disponível em: http://normas.receita.fazenda.gov.br/sijut2consulta/link.action?idAto=70354&visao=anotado. Acesso em: 04 fev. 2019.

BRASIL. Instrução Normativa RFB nº 1.678, de 22 de dezembro de 2016. Altera a Instrução Normativa SRF nº 228, de 21 de outubro de 2002, que dispõe sobre procedimento especial de verificação da origem dos recursos aplicados em operações de comércio exterior e combate à interposição fraudulenta de pessoas, e a Instrução Normativa RFB nº 1.169, de 29 de junho de 2011, que estabelece procedimentos especiais de controle, na importação ou na exportação de bens e mercadorias, diante de suspeita de irregularidade punível com a pena de perdimento. **Receita Federal do Brasil,** Brasília, DF, 22 dez. 2016. Disponível em: http://normas.receita.fazenda.gov.br/sijut2consulta/link.action?visao=anotado&idAto=79344. Acesso em: 04 fev. 2019.

BRASIL. Instrução Normativa RFB nº 1.702 de 21 de março de 2017. Disciplina o despacho aduaneiro de exportação processado por meio de Declaração Única de Exportação (DU-E). **Receita Federal do Brasil,** Brasília, DF, 21 mar. 2017. Disponível em: http://normas.receita.fazenda.gov.br/sijut2consulta/link.action?visao=anotado&idAto=81483. Acesso em: 04 fev. 2019.

BRASIL. Instrução Normativa RFB nº 1.861, de 27 de dezembro de 2018. Estabelece requisitos e condições para a realização de operações de importação por conta e ordem de terceiro e por encomenda. **Receita Federal do Brasil,** Brasília, DF, 27 dez. 2018. Disponível em: http://normas.receita.fazenda.gov.br/sijut2consulta/link.action?idAto=97727&visao=anotado. Acesso em: 04 fev. 2019.

BRASIL. Instrução Normativa RFB nº 1.937, de 15 de abril de 2020. Altera a Instrução Normativa RFB nº 1.861, de 27 de dezembro de 2018, que estabelece requisitos e condições para a realização de operações de importação por conta e ordem de terceiro e por encomenda. **Receita Federal do Brasil.** Brasilia, DF, 15 abr. 2020. Disponível em: http://normas.receita.fazenda.gov.br/sijut2consulta/link.action?visao=anotado&idAto=108624#2119209. Acesso em: 01 jul. 2020.

BRASIL. Portaria Ministério da Fazenda nº 350, de 16 de outubro de 2002. Dispõe sobre procedimentos de controle da origem dos recursos aplicados em operações de comércio exterior e combate à interposição fraudulenta de pessoas. **Receita Federal do Brasil**, Brasília, DF, 16 out. 2002. Disponível em: http://normas.receita.fazenda.gov.br/sijut2consulta/link.action?visao=anotado&idAto=26942. Acesso em: 04 fev. 2019.

BRASIL. Portaria da Secretaria de Comércio Exterior nº 23, de 14 de julho de 2011. Dispõe sobre operações de comércio exterior. Ministério do Desenvolvimento, Indústria e Comércio Exterior, Brasília, DF, 19 jul. 2011. Disponível em: http://portal.siscomex.gov.br/legislacao/biblioteca-de-arquivos/legislacao_secex/portaria-no-23-de-14-de-julho-de-2011. Acesso em: 31 ago. 2019.

REFERÊNCIAS JURISPRUDENCIAIS

BRASIL. Supremo Tribunal Federal. Recurso Extraordinário com Agravo nº 665.134/MG. Rel. Min. Edson Facchin, Plenário, j. 27.04.2020, **DJe** 15.06.2020. Disponível em: http://portal.stf.jus.br/processos/download Peca.asp?id=15343414047&ext=.pdf. Acesso em: 02 jul. 2020.

BRASIL. Superior Tribunal de Justiça. Agravo Interno no Recurso Especial nº 1.435.983/RS. Rel. Min. Herman Benjamin, Segunda Turma, j. 09.03.2017, **DJe** 14.09.2016. Disponível em: https://stj.jusbrasil.com.br/jurisprudencia/468083247/recurso-especial-resp-1435983-rs-2013-0162099-9/decisao-monocratica-468083257?ref=serp. Acesso em: 12 abr. 2019.

BRASIL. Superior Tribunal de Justiça. Recurso Especial nº 1.632.509/SP. Rel. Min. Og Fernandes, Segunda Turma, j. 19.06.2018, **DJe** 26.06.2018. Disponível em: https://ww2.stj.jus.br/processo/revista/documento/mediado/?componente=ITA&sequencial=1726079&num_registro=201602726864&data=20180626&formato=PDF. Acesso em: 12 abr. 2019.

BRASIL. Superior Tribunal de Justiça. Recurso Especial nº 1.417.738/PE. Rel. Min. Gurgel de Faria, Primeira Turma, j. 09.05.2019, **DJe** 15.05.2019. Disponível em: https://stj.jusbrasil.com.br/jurisprudencia/709369857/recurso-especial-resp-1417738-pe-2013-0376016-2/relatorio-e-voto-709369873?ref=serp. Acesso em: 12 abr. 2019.

BRASIL. Tribunal Regional Federal da 3ª Região. Apelação Cível nº 0023183-96.2009.4.03.6100/SP, Rel. Desembargador Federal Johonsom Di Salvo, Sexta Turma, j. em. 05.07.2018, **DJe** 19.07.2018. Disponível em: http://web.trf3.jus.br/acordaos/Acordao/BuscarDocumentoGedpro/6931697. Acesso em 31 ago. 2019.

BRASIL. Conselho Administrativo de Recursos Fiscais. Acórdão nº 3402-003.146. Rel. Diego Diniz Ribeiro. 4ª Câmara da 2ª Turma Ordinária da 3ª Seção de Julgamento, j. 20.07.2016. **DJ** 13.09.2016. Disponível em: https://carf.fazenda.gov.br/sincon/public/pages/ConsultarJurisprudencia/lista JurisprudenciaCarf.jsf. Acesso em: 14 fev. 2019.

BRASIL. Conselho Administrativo de Recursos Fiscais. Acórdão nº 3402-003.214. Rel. Waldir Navarro Bezerra. 4ª Câmara da 2ª Turma Ordinária da 3ª Seção de Julgamento, j. 24.08.2016. **DJ** 13.09.2016. Disponível em: https://carf.fazenda.gov.br/sincon/public/pages/ConsultarJurisprudencia/listaJuris prudenciaCarf.jsf. Acesso em: 14 fev. 2019.

BRASIL. Conselho Administrativo de Recursos Fiscais. Acórdão nº 3402-004.366. Rel. Diego Diniz Ribeiro. 4ª Câmara da 2ª Turma Ordinária, j. 30.08.2017, **DJ** 20.10.2017, p. 19. Disponível em: https://carf.fazenda.gov.br/sincon/public/pages/ConsultarJurisprudencia/listaJurisprudenciaCarf.jsf. Acesso em: 14 fev.2019.

BRASIL. Conselho Administrativo de Recursos Fiscais. Acórdão nº 9303-004.334. Rel. Vanessa Marini Cecconello. 3ª Turma da Câmara Superior, j. 04.10.2016, **DJ** 02.01.2017. Disponível em: https://carf.fazenda.gov.br/sincon/public/pages/ConsultarJurisprudencia/listaJurisprudenciaCarf.jsf. Acesso em: 14 fev. 2019.

BRASIL. Conselho Administrativo de Recursos Fiscais. Acórdão nº 9303-006.690. Rel. Tatiana Midori Migiyama. 3ª Turma da Câmara Superior, j. 12.04.2018, **DJ** 23.05.2018. Disponível em: https://carf.fazenda.gov.br/sincon/public/pages/ConsultarJurisprudencia/listaJurisprudenciaCarf.jsf. Acesso em: 14 fev. 2019.

BRASIL. Conselho Administrativo de Recursos Fiscais. Acórdão nº 9303-006.509. Rel. Tatiana Midori Migiyama. 3ª Turma da Câmara Superior, j. 14.03.2018, **DJ** 23.05.2018. Disponível em: https://carf.fazenda.gov.br/sincon/public/pages/ConsultarJurisprudencia/listaJurisprudenciaCarf.jsf. Acesso em: 14 fev. 2019.

BRASIL. Conselho Administrativo de Recursos Fiscais. Acórdão nº 9303-007.679. Rel. Jorge Olmiro Lock Freire. 3ª Turma da Câmara Superior, j. 21.11.2018, **DJ** 11.12.2018. Disponível em: https://carf.fazenda.gov.br/sincon/public/pages/ConsultarJurisprudencia/listaJurisprudenciaCarf.jsf. Acesso em: 14 fev. 2019.

BRASIL. Conselho Administrativo de Recursos Fiscais. Acórdão nº 3201-005.152. Rel. Pedro Rinaldi de Oliveira. 2ª Câmara da 1ª Turma Ordinária da 3ª

Seção de Julgamento, j. 26.03.2019, **DJ** 13.05.2019. Disponível em: https://carf.fazenda.gov.br/sincon/public/pages/ConsultarJurisprudencia/listaJurisprudenciaCarf.jsf. Acesso em: 14 fev. 2019.

BRASIL. Solução de Consulta da Coordenação Geral de Tributação nº 5, de 08 de julho de 2009. **DOU** 10.07.2009. Receita Federal do Brasil. Disponível em: https://diariofiscal.com.br/ZpNbw3dk20XgIKXVGacL5NS8haIoH5P-qbJKZaawfaDwCm/legislacaofederal/solucao.consulta/2009/cosit.0005-07.html. Acesso em: 31 ago. 2019.

BRASIL. Solução de Consulta da Superintendência Regional da Receita Federal do Brasil da 2ª Região Fiscal nº 9, de 31 de março de 2010. Receita Federal do Brasil. Disponível em: http://www.consultaesic.cgu.gov.br/busca/dados/Lists/Pedido/Attachments/515849/RESPOSTA_PEDIDO_SC%209.pdf. Acesso em: 31 ago. 2019.

BRASIL. Solução de Consulta Interna da Coordenação Geral de Tributação nº 9, de 22 de abril de 2014. **DOU** 10.06.2014. Receita Federal do Brasil. Disponível em: http://normas.receita.fazenda.gov.br/sijut2consulta/link.action?idAto=53395&visao=anotado. Acesso em: 31. ago. 2019.

BRASIL, Solução de Consulta da Coordenação Geral de Tributação nº 306, de 14 de junho de 2017. **DOU** 27.07.2017. Receita Federal do Brasil. Disponível em: http://normas.receita.fazenda.gov.br/sijut2consulta/link.action?visao=anotado&idAto=84757. Acesso em 31 ago. 2019.

BRASIL, Solução de Consulta da Coordenação Geral de Tributação nº 536, de 19 de dezembro de 2017. **DOU** 26.12.2017. Receita Federal do Brasil. Disponível em: http://normas.receita.fazenda.gov.br/sijut2consulta/link.action?visao=anotado&idAto=88894. Acesso em: 31 ago. 2019.

BRASIL. Solução de Consulta da Coordenação Geral de Tributação nº 129, de 27 de março de 2019. **DOU** 01.04.2019. Receita Federal do Brasil. Disponível em: http://normas.receita.fazenda.gov.br/sijut2consulta/link.action?visao=anotado&idAto=99746. Acesso em: 31 ago. 2019.

BRASIL. Solução de Consulta da Coordenação Geral de Tributação nº 156, de 15 de maio de 2019. DOU 03.06.2019. Disponível em: http://normas.receita.fazenda.gov.br/sijut2consulta/link.action?visao=anotado&idAto=101243. Acesso em: 01 jul. 2020.

BRASIL. Solução de Consulta da Coordenação Geral de Tributação nº 192, de 10 de junho de 2019. DOU 19.06.2019. Disponível em: http://normas.receita.fazenda.gov.br/sijut2consulta/link.action?visao=anotado&idAto=101696. Acesso em: 01 jul. 2020.

OBRAS COMPLEMENTARES

Abud, Jorge Lima. A consumação do ilícito da interposição fraudulenta de terceiros em comércio exterior. JUS, out. 2013. Disponível em: https://jus.com.br/artigos/25474/a-consumacao-do-ilicito-da-interposicao-fraudulenta-de-terceiros-em-comercio-exterior. Acesso em: 15 fev. 2019.

Araújo, Renata Faria Villela. Como uma operação de importação regular e de boa-fé pode terminar como interposição fraudulenta. Estudos aduaneiros, 23 dez. 2016. Disponível em: https://estudos aduaneiros.com.br/interposicao-fraudulenta/. Acesso em: 15 fev. 2019.

Barreira, Josué Lopes. Eufrosino, João Carlos. Regulamento Aduaneiro 2009 anotado e comentado: Atualizado até 31 de maio de 2009. 3.e.d. – São Paulo: FISCOSoft, 2009.

Bergamini, Adolpho. Temas atuais do direito aduaneiro brasileiro e notas sobre direito intrrernacional: teoria e prática. São Paulo: IOB, 2012.

Breda, Felippe Alexandre Ramos. O que é interposição fraudulenta de terceiros e qual penalidade está valendo? Comex Data. Disponível em http://www.comexdata.com.br/a/gjdhbc/o-que-e-interposicao-fraudulenta-de-terceiros-e-qual-penalidade-esta-valendo-felippe-alexandre-ramos-breda.html. Acesso em: 10 fev. 2019.

Brito, André Oliveira. A prática de interposição fraudulenta e a denúncia penal de descaminho. Conjur, 28 jan. 2012. Disponível em: https://www.conjur.com.br/2012-jan-28/pratica-interposicao-fraudulenta-denuncia-penal-descaminho. Acesso em: 11 fev. 2019.

Brito, Demes (coord.). Questões Controvertidas de Direito Aduaneiro. São Paulo: IOB, 2014.

CARLUCI, José Lence. Uma introdução ao Direito Aduaneiro. 2. ed. São Paulo: Aduaneiras, 2001.

CARVALHO, João Rafael L. Gândara. Forma e Substância no Direito Tributário: Legalidade, Capacidade Contributiva e Planejamento Fiscal. São Paulo: Almedina, 2018.

PEREIRA, Cláudio Augusto Gonçalves. Ensaios de Direito Aduaneiro. São Paulo: Intelecto Soluções, 2015.

SANTI, Eurico Martins de., *et al* (coord.). Repertório Analítico de Jurisprudência do CARF. São Paulo: FGV Direito SP/Max Limonade, 2016.

SARTORI, Ângela. A interposição fraudulenta de terceiros na importação. Enciclopédia Aduaneira, 28 jan. 2013. Disponível em: http://enciclopediaaduaneira.com.br/interposicao-fraudulenta-angela-sartori/?_sm_au_=iVVTsPFqNf6D4NJj. Acesso em: 15 fev. 2019.

SCHOUERI, Luís Eduardo (coord). Planejamento tributário e o propósito negocial. São Paulo: Quartier Latin, 2010.

SCHOUERI, Luís Eduardo. Direito Tributário. 6. ed. São Paulo: Saraiva, 2016.

SEGALIS, Gabriel. Fundamentos de exportação e importação no Brasil. São Paulo: FGV, 2012.

TÔRRES, Heleno Taveira. (coord.). Comércio internacional e tributação. São Paulo: Quartier Latin do Brasil, 2005.

TREVISAN, Rosaldo. Temas atuais de Direito Aduaneiro. São Paulo: Lex Magister, 2008.